GUIA PRÁTICO DE AULAS CRIATIVAS PARA UMA GESTÃO DE CLASSE QUE FUNCIONA

© Copyright 2024

_____

Autora: Stefânia Andrade
Produção e Coordenação Editorial: Ofício das Palavras
Co-produção: Máiza Nara dos-Santos
Capa e Diagramação: Mariana Fazzeri
Fotos: Vanessa Brites

_____

Dados Internacionais de Catalogação na Publicação (CIP)
(eDOC BRASIL, Belo Horizonte / MG)

Andrade, Stefânia.

A553g
Guia prático de aulas criativas para uma gestão de classe que funciona / Stefânia Andrade.
São José dos Campos (SP): Ofício das Palavras, 2024.

182 p.: 16 x 23 cm
Inclui biografia
ISBN 978-65-5201-005-6
1. Educação. 2. Didática. 3. Atividades criativas na sala de aula. I. Título.
CDD 371.3

_____

Todos os direitos deste livro são reservados e protegidos pela Lei 9.610 de 19.02.1998.
Nenhuma parte deste material poderá ser reproduzida ou transmitida sem autorização prévia da autora.

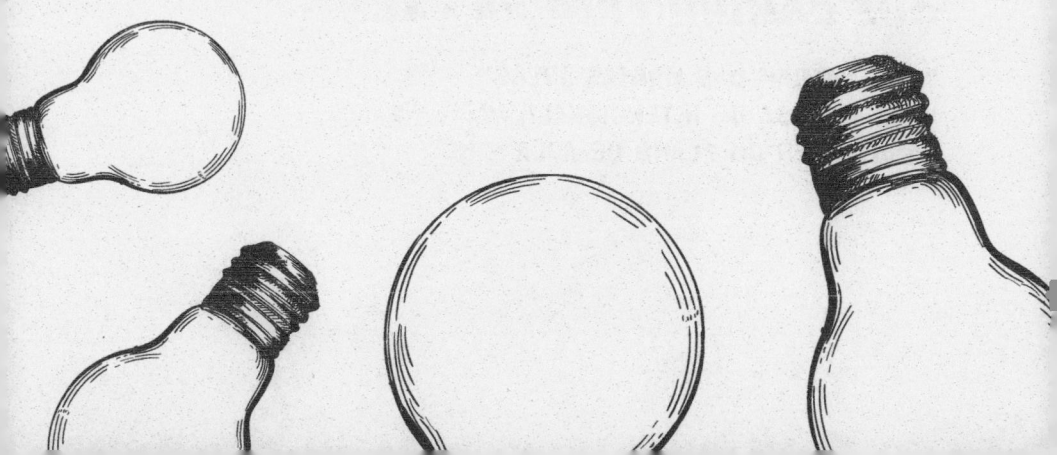

Stefânia
Andrade

PREFÁCIO • 19

Capítulo 1
**DE ONDE
SURGIU O GUIA • 13**

"EU COMECEI MAL COMO PROFESSORA" • 15
COMO USAR O GUIA PRÁTICO • 19

Capítulo 2
**OS PILARES DA
AULA DE SUCESSO • 21**

O QUE É UM BOM PROFESSOR? • 23

Capítulo 3
O QUE É EDUCAÇÃO CRIATIVA • 29

APRENDIZAGEM DIFERENTE • 32
A VOLTA PARA A EDUCAÇÃO INFANTIL • 35
"EU TINHA MUITAS CERTEZAS" • 37

Capítulo 4
QUE CAMINHO SEGUIR • 41

"RECLAMARAM DAS MINHAS AULAS" • 43
VOCÊ PRECISA DE INTENCIONALIDADE • 45
COMO FAZER UM PLANO DE AULA • 46

Capítulo 5
O CICLO DA AULA INEFICAZ • 49

"MEU PROBLEMA COM A MATEMÁTICA" • 51
O DESAFIO DA PÓS PANDEMIA • 53
NOSSA ENERGIA É DRENADA • 54

Capítulo 6
COMO MOTIVAR OS ALUNOS • 57

OS 4 PASSOS ESSENCIAIS • 59

Capítulo 7
1º PASSO: CONHECER OS ALUNOS • 63

ESTRATÉGIAS PARA CONHECER OS ALUNOS • 65

Capítulo 8
2º PASSO: CRIAR CONEXÃO • 69

AFETIVIDADE É A BASE • 71
ESTRATÉGIAS PARA CRIAR VÍNCULOS • 74
FRASES PARA TE INSPIRAR • 76

Capítulo 9

3º E 4º PASSOS: CHAMAR ATENÇÃO E MANTER O ENGAJAMENTO DOS ALUNOS • 79

ESTRATÉGIAS PARA ATRAIR E ENVOLVER OS ALUNOS • 81
AULA MONTANHA-RUSSA • 82
INÍCIO DE IMPACTO • 86
ESTRATÉGIAS PRÁTICAS PARA O INÍCIO DAS AULAS • 88
PAUSAS PRODUTIVAS E TÉCNICA POMODORO • 91
GRAN FINALE • 93

Capítulo 10

O USO DA CULTURA GEEK NA ESCOLA • 95

O QUE É CULTURA GEEK • 97
HARRY POTTER COMO INSTRUMENTO DE ENSINO • 100
LITERATURA, CINEMA, MANGÁ E VIDEOGAME • 101

Capítulo 11

MAIS ESTRATÉGIAS PARA ESTIMULAR A CRIATIVIDADE • 105

EXERCÍCIOS CRIATIVOS • 107
PERGUNTAS INTRIGANTES • 109
JORNAL MALUCO • 110
MOVIMENTE A AULA E OS ALUNOS • 111
ESPAÇOS CRIATIVOS • 113

Capítulo 12

COMO LIDAR COM A INDISCIPLINA • 115

O PAPEL DA MOTIVAÇÃO • 117
O QUE FAZER NA PRÁTICA • 119
LIBERDADE COM RESPONSABILIDADE É OURO • 122
COMO CONDUZIR CASOS EXTREMOS • 124

Capítulo 13
TENHA SEU BAÚ DE UTILIDADES • 127

DE ONDE VEM A CRIATIVIDADE? • 129

Capítulo 14
FERRAMENTAS PARA ENRIQUECER AS AULAS • 133

EU NÃO FICO SEM ESTAS • 135
MAIS ALGUMAS FERRAMENTAS QUE INDICO • 137
INTELIGÊNCIA ARTIFICIAL NA EDUCAÇÃO • 140
O CHATGPT PODE TE AJUDAR? • 141

Capítulo 15
NADA SERÁ COMO ANTES • 145

O FIM DE UMA FASE E INÍCIO DE OUTRA • 147

Capítulo 16
QUEM É STEFÂNIA ANDRADE • 151

Capítulo 17
BANCO DE DINÂMICAS, ATIVIDADES CRIATIVAS E DESAFIOS LÓGICOS • 157

DINÂMICAS DE QUEBRA-GELO PARA O INÍCIO DAS AULAS • 159
ATIVIDADES PARA INICIAR A AULA COM TURMAS AGITADAS • 164
DINÂMICAS DE RELAXAMENTO FEITAS EM ATÉ 5 MINUTOS • 167
DESAFIOS LÓGICOS PARA MENORES • 170
DESAFIOS LÓGICOS PARA MAIORES • 174

BIBLIOGRAFIA • 179

CRIATIVAS
ULAS

PREFÁCIO

Todo professor marca a vida de seus alunos. Já diria Henry Adams que um professor afeta a eternidade; nós nunca sabemos onde nossa influência termina. Muito fascinante pensar sobre isso, não é? Eu aposto que você consegue pensar em alguma situação que te marcou na época da escola. Eu me lembro bem de como me senti em diversas situações que vivi dentro da sala de aula, enquanto aluna. Muitas delas me fizeram refletir sobre o papel do professor e me permitiram escolher um caminho diferente nas minhas práticas. Eu escolhi sair do molde. 'Que molde?' você pode estar se perguntando. Aquele padrão onde o professor só fala, fala e fala um pouco mais, já viu isso? Eu escolhi o caminho da criatividade, da experimentação e da liberdade para imaginar. O que deveria parecer uma abordagem natural, hoje em dia passou a ser raridade nas salas de aula do Brasil.

Li um trecho deste livro que fala exatamente sobre essa aula "agitada" que foge do tradicional, e isso também já aconteceu comigo. "Reclamaram das minhas aulas", eu li. Isso mostra uma situação que muitos professores vão encontrar se optarem pelo caminho da educação criativa. Lembre-se: agitação é diferente de bagunça. É preciso refletir se aquilo que estamos propondo tem mesmo intencionalidade, e você vai aprender mais sobre isso por aqui.

Quando falamos em criatividade, o que vem na sua cabeça? Eu vou te contar o que vem na minha, habilidades como: originalidade, pensamento divergente, flexibilidade, resolução de problemas, expressão artística e inovação. Hoje em dia, o conteúdo teórico está em todo lugar. Os alunos têm na palma da mão todas as fórmulas e informações que precisam em questão de segundos, mas será que eles conseguem treinar essas outras habilidades sozinhos com um celular? Com todas as mudanças ocasionadas pela tecnologia, o papel do professor vem mudando muito nos últimos anos. Quem ainda acredita que o mesmo padrão de aula utilizado há 20 anos não precisa de ajustes, está se fechando para um mundo de oportunidades.

Lembre-se: se você não se diverte na sua aula, seu aluno certamente também não se divertirá. Mantenha isso em mente. Muitas das reclamações mais frequentes dos professores vêm da falta de aplicação de muitas estratégias da educação criativa que você irá aprender neste livro. 'Ninguém me escuta'; 'A turma não para de falar'; 'Esse grupinho é impossível'; 'Não posso entrar sorrindo porque perco a turma no primeiro momento'. Você já falou ou ouviu alguma frase assim de algum professor? Ou então já aconteceu de algum professor reclamar do comportamento de uma turma e outro professor replicar com 'Ah mas comigo eles não são assim'. Agora pensa um pouco, será mesmo que quem muda são os alunos de acordo com o professor? Na verdade, essa falta de atenção e de engajamento dos alunos pode ser resolvida com algumas mudanças na SUA prática. Você precisa se dispor a experimentar novas abordagens para perceber como uma relação afetiva bem construída e uma aula bem elaborada podem mudar completamente a postura de todos que estão presentes naquela sala de aula, inclusive a sua postura como professor.

Quando o professor prepara uma aula diferente, ele também se anima e se conecta com a turma. O dia fica mais leve, o trabalho fica menos desgastante. Se permita! Temos tantas possibilidades ao nosso dispor, mas muitos não tentam aplicar. Jogos, dinâmicas, tecnologia, você tem um mundo de opções para sair da caixa! Mas, claro, precisa de intencionalidade na sua prática. Não basta aplicar sem objetivos e estratégias, e é aqui que o conteúdo deste livro irá te guiar em um caminho de muita inovação e criatividade.

O livro *Guia Prático de Aulas Criativas* é uma jornada completa. Uma leitura leve e repleta de ensinamentos que certamente vão abrir sua mente para novas abordagens e estratégias com a turma. Você vai se identificar com muitas passagens e vai pensar: "como nunca fiz isso antes?" em muitas outras. Um material prático para que você possa realmente aplicar aquilo que aprendeu durante a leitura. Este livro vai transformar suas práticas.

Como eu disse antes, todo professor vai marcar a vida dos seus alunos, isso não é escolha sua. O que você pode escolher é COMO vai deixar sua marca.

Lorena Ruiz

Engenheira civil que se encontrou de verdade na carreira de educadora. Pedagoga Pós-graduada, Lorena fundou o Aula Nota Dez - *www.aulanotadez.com.br* -, uma plataforma focada na formação contínua de professores. Além disso, presta consultoria de carreira para educadores que desejam ingressar no mundo digital e compartilha tudo isso no seu Instagram: @lorenaruizfernandes.

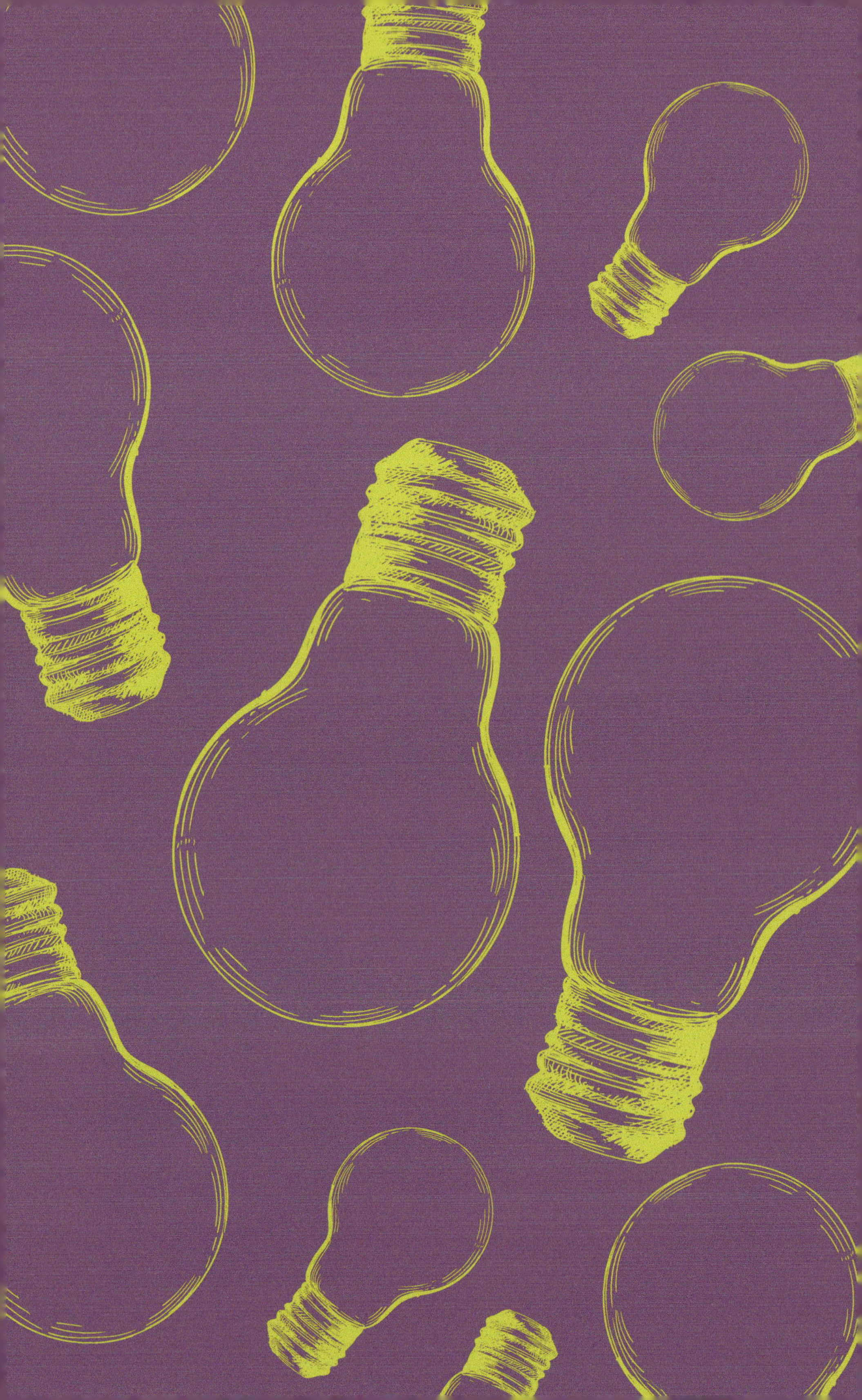

Capítulo 1

DE ONDE SURGIU O GUIA

EU COMECEI MAL COMO PROFESSORA

O ano era 2006 e eu tinha acabado de concluir Pedagogia pela Unesp de Araraquara. Eu estava feliz por ter sido contratada numa renomada escola particular, mas muito insegura para começar. Quando entrei na minha 2ª semana como professora, a coordenadora me chamou dizendo que eu não tinha gestão de classe e poderia ser substituída. Foi um desespero!

Eu assumi Português, História e Geografia com um 4° e dois 5° anos. Eram três turmas para conhecer e para "dominar" segundo minha cabeça. Comecei a reproduzir os professores que eu tive: regras devem ser seguidas, do contrário leva bilhete pra casa!

Os alunos eram agitados (como toda criança de 9 e 10 anos) e chegaram das férias querendo conversar (óbvio!). Eu achava que tinha que impor respeito sendo brava, assim, enviei 3 bilhetes para casa e levei um aluno para direção para receber uma advertência. Sim, na primeira semana de aula! (Não me julgue!)

Então a coordenadora me chamou para conversar e disse que eu estava fazendo errado. Primeiro me deu um susto, dizendo que eu poderia ser substituída, mas depois me ORIENTOU, já que eu nunca tinha dado aula na minha vida. Ela disse algo assim:

> "Ste, querida, o segredo da gestão de classe é o equilíbrio. Você impõe respeito, mas se aproxima dos alunos. Primeiro os conheça e se aproxime deles, lembrando que existem regras e combinados".

Fácil? Não! Foi aí que entendi que precisava fazer um plano de ação para gestão de classe, assim como tinha feito da gestão de conteúdo. Busquei todas as ferramentas que pude sobre o assunto e percebi que tinha livros e apostilas sobre afetividade, dinâmicas e motivação. Eu tinha feito dois cursos de Arte-educação! Por que não estava colocando tudo isso em prática? Porque não me apropriei do que tinha aprendido e cheguei na escola reproduzindo o que tinha passado como aluna!

Como formadora de professores hoje sei que começa aí nosso desafio: os futuros professores chegam na faculdade de educação com uma **bagagem enorme** de sala de aula! Temos 4 anos para estudar, refletir e construir o que desejamos para o futuro, mas os 15 anos de modelos de professores pesam muito!

Já pensou nisso?

Com toda a bagagem em mãos e diferentes ferramentas eu montei um plano de ação para a gestão das classes. Fui ajustando de acordo com as turmas e terminei o ano muito feliz com o resultado!

Foi esse plano de ação que eu adaptei de acordo com as escolas e turmas que tive nos últimos 16 anos. Seja na periferia, no centro, com alunos abastados ou de altíssima vulnerabilidade, eu sempre busquei me conectar com os alunos e realizar a melhor gestão dos conteúdos e da classe para uma aula de sucesso.

> É com essa minha experiência + os estudos e o mestrado na área + a formação de professores por uma década que decidi escrever este guia para te ajudar a **transformar suas aulas em experiências criativas e eficazes!**

Um grande abraço da Stefânia Andrade.

COMO USAR O GUIA PRÁTICO

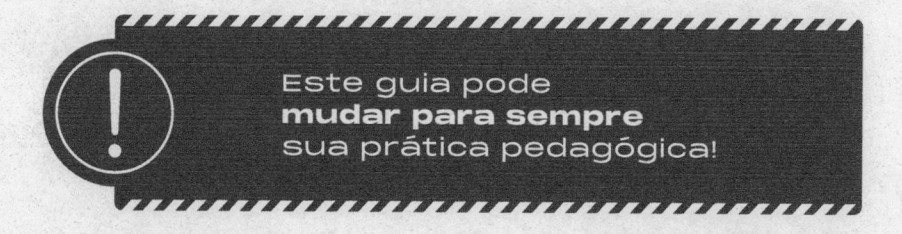

! Este guia pode **mudar para sempre** sua prática pedagógica!

O guia foi escrito em ordem lógica, mas você pode começá-lo por onde quiser, é claro! Alguns capítulos possuem estratégias ou ferramentas práticas e por isso, poderão ser revisitados sempre que precisar. É o caso especialmente dos capítulos 7, 8, 9, 10, 11, 14 e 16.

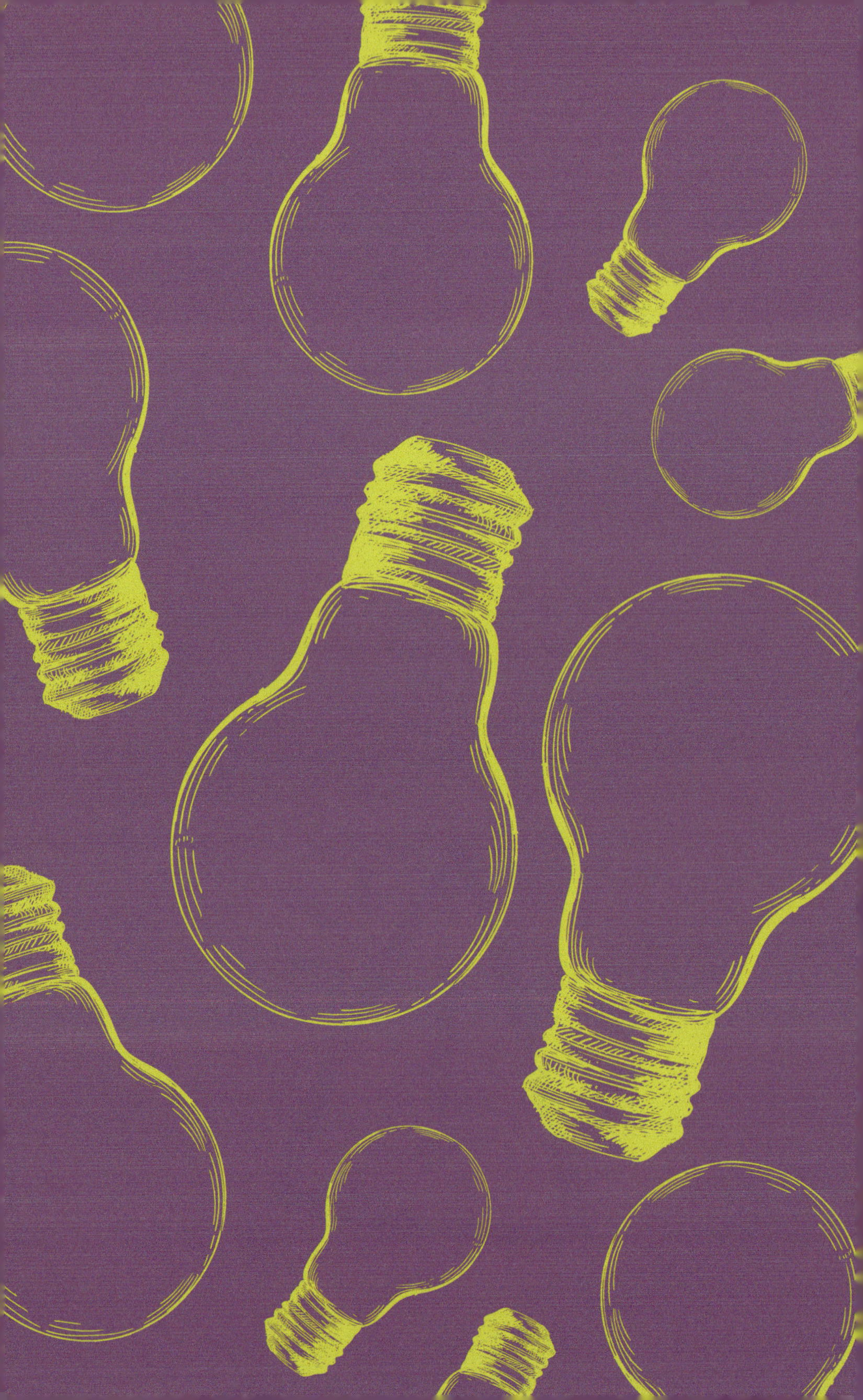

Capítulo 2

OS PILARES DA AULA DE SUCESSO

CRIATIVAS
ULAS
CRIATIVAS
ULAS
CRIATIVAS

O QUE É UM BOM PROFESSOR?

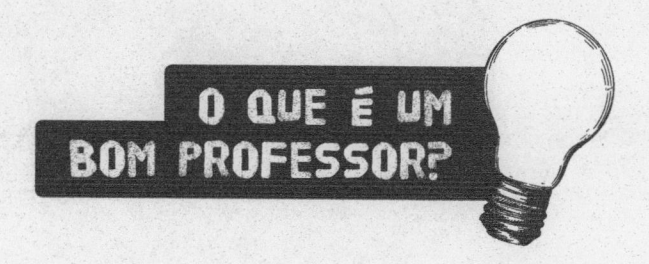

O que é um bom professor? Como se constrói uma boa prática de verdade? Essas inquietações conduziram minha pesquisa de mestrado e me fizeram chegar a uma conclusão interessante.

Dentre diversos trabalhos sobre a prática bem-sucedida no Brasil, selecionei 3 para minha dissertação do mestrado: Ambrosetti (1996), Cunha (1997) e Bühler (2010) que mergulharam no cotidiano escolar para revelar bons professores. E depois, realizei a pesquisa prática numa escola pública de periferia, com entrevistas, grupos de discussão, acompanhamento da rotina e observação da prática docente.

Os professores selecionados pelos alunos como os melhores da escola e acompanhados por meses eram completamente diferentes.

AMANDA

- ✓ Português 6º e 7º ano
- ✓ calma
- ✓ organizada
- ✓ paciente e maternal
- ✓ prezava pela ordem e pelas regras

JOÃO

- ✓ História 8º e 9º ano
- ✓ extrovertido
- ✓ pouco organizado
- ✓ engraçado e polêmico
- ✓ fazia suas próprias regras

"Pudemos perceber algumas características semelhantes em Amanda e João. **Eles colocam o aluno como protagonista de seu processo de aprendizado,** conduzindo-o com objetivos claros e ações planejadas. Ambos conseguem olhar o aluno, ver além da turma uniformizada. Eles garantem o ensino no coletivo, sem perder a sensibilidade para a individualidade do aluno. Um objetivo específico deste trabalho foi conhecer o perfil dos professores indicados pelos alunos. Não há um perfil padrão para o **bom professor, mas sua prática é comprometida e provavelmente apresentará domínio de conteúdo e da classe, interação, afetividade e valorização do potencial dos alunos".** (BARBOSA, 2016).

Amanda e **João** eram água e óleo, pessoas opostas em seu jeito de ser, mas que foram considerados os melhores pelos alunos da mesma escola, na mesma época. Isso porque, **cada um de sua forma, mantinha os pilares de um professor eficaz, que desenvolve aulas de sucesso:**

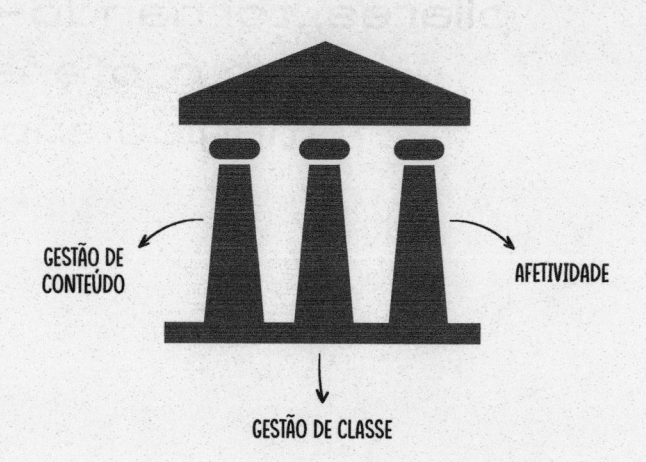

GESTÃO DE CONTEÚDO

AFETIVIDADE

GESTÃO DE CLASSE

A Educação
criativa é uma
excelente ferramenta
para você desenvolver
cada um desses
pilares, tornando-se
um professor
mágico eficaz.

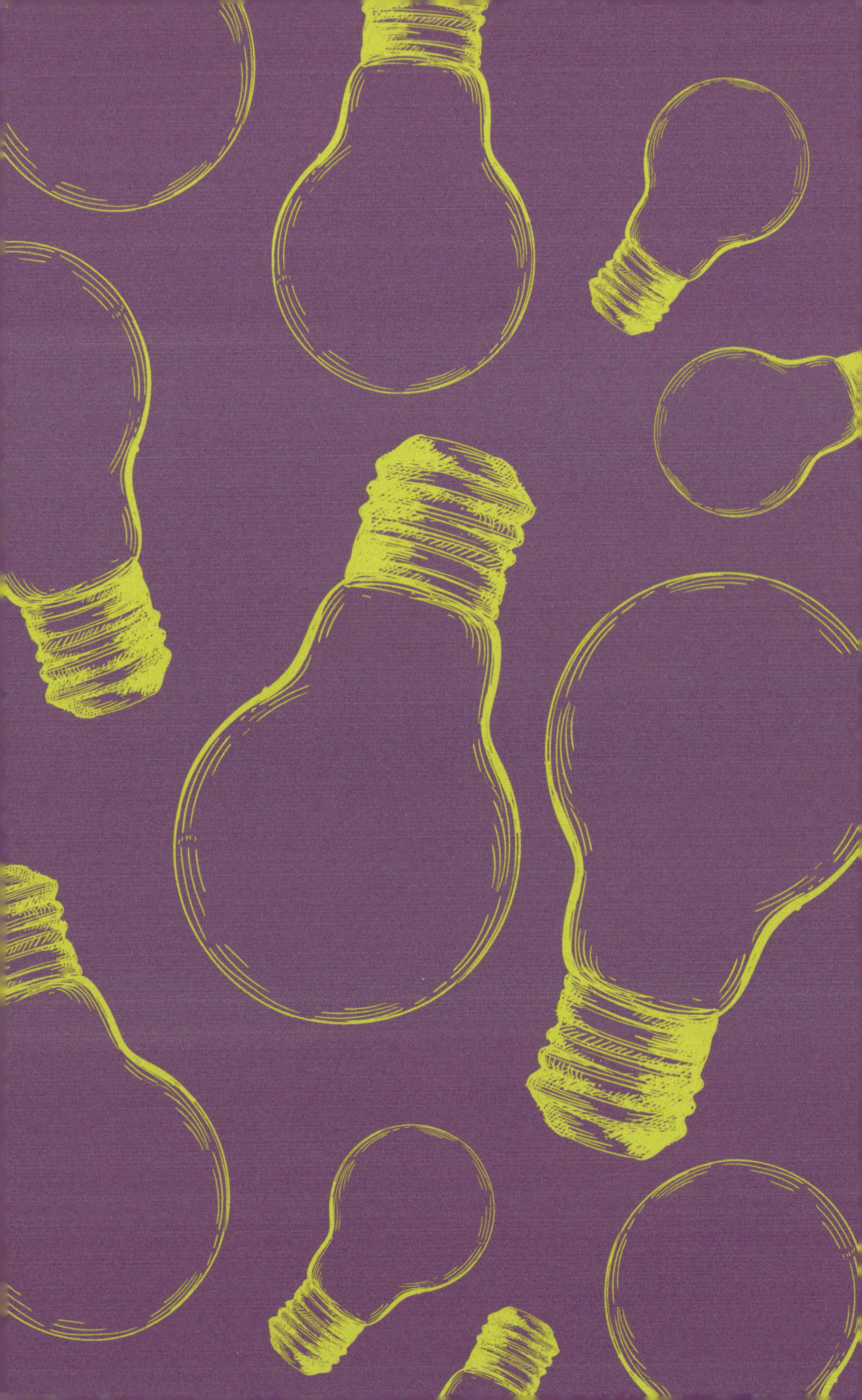

Capítulo 3

O QUE É EDUCAÇÃO CRIATIVA

ULAS
RIATIVAS

A Educação Criativa envolve a adoção de estratégias que estimulam a imaginação, a curiosidade e a capacidade de resolução de problemas, buscando promover o pensamento crítico, a colaboração e a autonomia do estudante. Ela valoriza a experimentação, vê os erros como oportunidades de aprendizado e torna o aluno protagonista de sua própria experiência de aprendizagem.

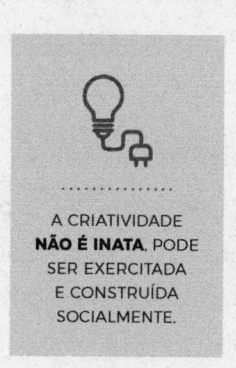

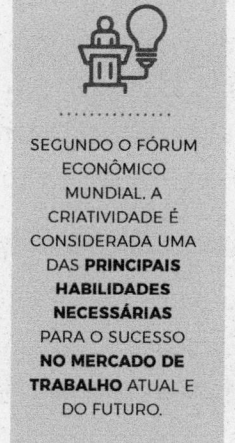

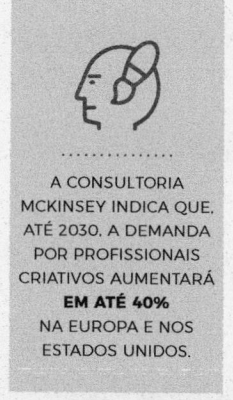

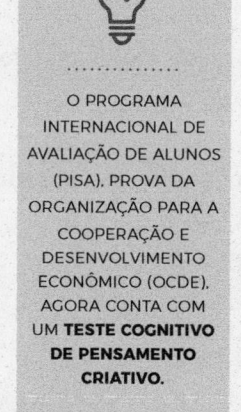

SEGUNDO O FÓRUM ECONÔMICO MUNDIAL, A CRIATIVIDADE É CONSIDERADA UMA DAS **PRINCIPAIS HABILIDADES NECESSÁRIAS** PARA O SUCESSO **NO MERCADO DE TRABALHO** ATUAL E DO FUTURO.

A CRIATIVIDADE **NÃO É INATA**, PODE SER EXERCITADA E CONSTRUÍDA SOCIALMENTE.

A ESCOLA TEM UM **PAPEL FUNDAMENTAL** NA CONSTRUÇÃO CRIATIVA DOS ESTUDANTES.

O PROGRAMA INTERNACIONAL DE AVALIAÇÃO DE ALUNOS (PISA), PROVA DA ORGANIZAÇÃO PARA A COOPERAÇÃO E DESENVOLVIMENTO ECONÔMICO (OCDE), AGORA CONTA COM UM **TESTE COGNITIVO DE PENSAMENTO CRIATIVO**.

A CONSULTORIA MCKINSEY INDICA QUE, ATÉ 2030, A DEMANDA POR PROFISSIONAIS CRIATIVOS AUMENTARÁ **EM ATÉ 40%** NA EUROPA E NOS ESTADOS UNIDOS.

A NOVA BNCC TRAZ A **CRIATIVIDADE DENTRE AS COMPETÊNCIAS** GERAIS A SEREM DESENVOLVIDAS AO LONGO DA EDUCAÇÃO BÁSICA.

APRENDIZAGEM DIFERENTE

O termo Aprendizagem criativa é uma abordagem educacional proposta por Mitchel Resnick, professor e pesquisador do Massachusetts Institute of Technology (MIT) Media Lab que possui um renomado projeto chamado "Jardim de infância para a vida toda". Ele defende a necessidade de incorporar os princípios da educação do Jardim de Infância em todos os níveis de educação, promovendo habilidades essenciais para enfrentar os desafios do mundo contemporâneo.

No livro *Jardim da Infância para a vida toda*, o autor explica que nesse período escolar as crianças são encorajadas a explorar, experimentar, criar e colaborar. Elas aprendem de maneira lúdica, colaborativa e se desenvolvem como pensadores criativos. Tudo isso acontece por meio de brincadeiras e interações em que as crianças aprendem muitas coisas ao mesmo tempo, de maneira mais aberta, livre e autônoma.

Muitos educadores, como Dewey, Piaget e Montessori já afirmavam que aprendemos melhor quando interagimos ativamente com os objetos de aprendizagem. Portanto, nada disso deveria ser novidade para nós, não é mesmo?

O ensino no Jardim da Infância (que atualmente chamamos de Educação Infantil no Brasil) valoriza:

CURIOSIDADE NATURAL
COLABORAÇÃO
LIBERDADE PARA IMAGINAR E CRIAR
EXPLORAÇÃO E EXPERIMENTAÇÃO
EXPRESSÃO CRIATIVA
CRIAÇÃO DE PROJETOS
AUTONOMIA
USO DA TECNOLOGIA COMO FACILITADORA DA APRENDIZAGEM CRIATIVA

A aprendizagem criativa se baseia nos chamados "4 Ps": **projetos, paixão, pares e pensar brincando.** E a Rede Brasileira de Aprendizagem Criativa (movimento nacional de valorização da aprendizagem criativa), adicionou também o **propósito.**

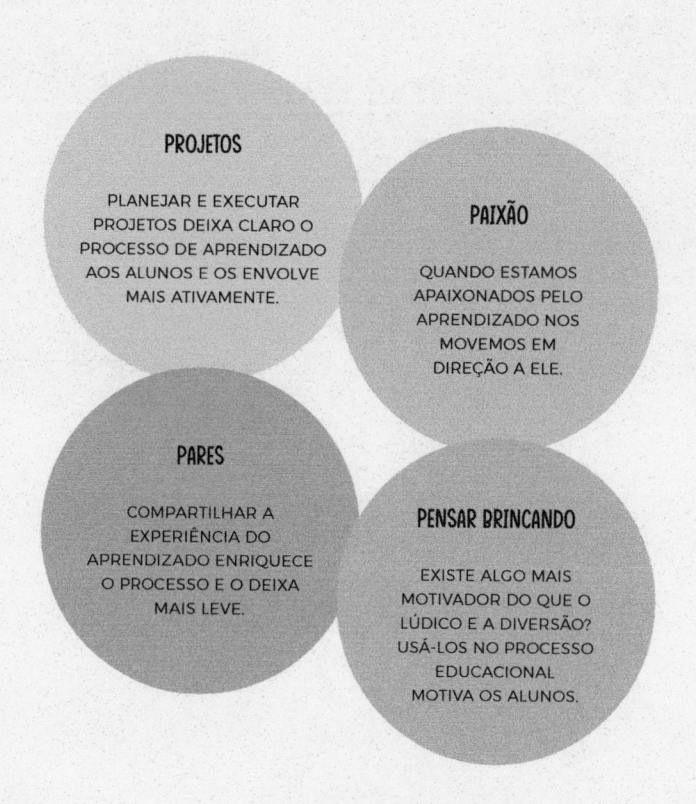

PROJETOS
PLANEJAR E EXECUTAR PROJETOS DEIXA CLARO O PROCESSO DE APRENDIZADO AOS ALUNOS E OS ENVOLVE MAIS ATIVAMENTE.

PAIXÃO
QUANDO ESTAMOS APAIXONADOS PELO APRENDIZADO NOS MOVEMOS EM DIREÇÃO A ELE.

PARES
COMPARTILHAR A EXPERIÊNCIA DO APRENDIZADO ENRIQUECE O PROCESSO E O DEIXA MAIS LEVE.

PENSAR BRINCANDO
EXISTE ALGO MAIS MOTIVADOR DO QUE O LÚDICO E A DIVERSÃO? USÁ-LOS NO PROCESSO EDUCACIONAL MOTIVA OS ALUNOS.

A espiral de aprendizagem criativa é o que constrói o pensamento criativo.

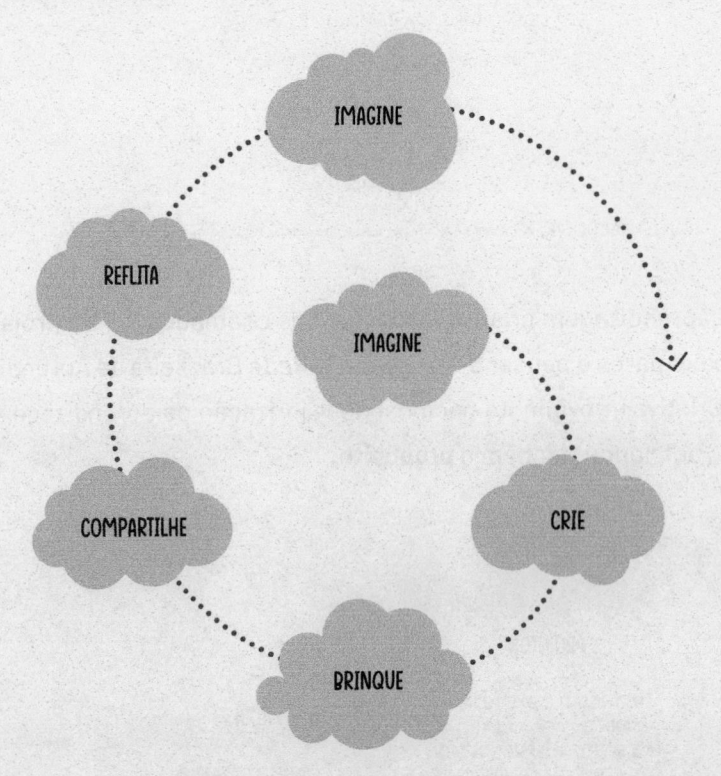

IMAGINE

REFLITA

IMAGINE

COMPARTILHE

CRIE

BRINQUE

REFERÊNCIA: REDE BRASILEIRA DE APRENDIZAGEM CRIATIVA

A VOLTA PARA A EDUCAÇÃO INFANTIL

Você já trabalhou na Educação Infantil? Já teve a experiência de passar um tempo dentro desse tipo de instituição? Se sim, você entende totalmente o movimento "Jardim da Infância para a Vida toda" do Mitchel Resnick. É um mundo encantado! Um espaço colorido, lúdico e muito rico, que chama os alunos à experimentação, à construção do conhecimento. Ali vemos crianças felizes, correndo, cantando, desenhando, testando e mostrando grande empolgação pelo aprendizado.

Quando a criança vai para o Ensino Fundamental tudo muda: a escola, as carteiras, as cores, as regras, o clima da sala, e por vezes, a sua paixão pela escola. Não é raro eu receber pais desesperados dizendo que seus filhos não querem ir para a escola porque o 1º ano é chato, porque a professora é brava, porque acham muito tempo de aula. Eu fico de coração partido ao ver o sofrimento dessas crianças.

É claro que há uma preocupação da maioria das professoras dos primeiros anos a deixarem o clima mais leve e lúdico, mas a cobrança que elas sofrem é de que devem dar aulas "de verdade" para alfabetizarem.

Com o passar dos anos as salas vão ficando mais sérias, mais cinzas e mais sem graça. As brincadeiras, os jogos, as músicas e as risadas vão diminuindo. Os alunos vão ficando menos participativos, menos criativos, mais enquadrados no modelo que esperam deles.

> Os estudantes passam a ir para a escola para assistir às aulas e não mais para participar delas. Se tornam bons copistas, estudam para passar nas provas, seguem um padrão de ouvir o professor e responder às questões, sentados em carteiras individuais enfileiradas. Eles vão se enquadrando num sistema que mais parece uma fábrica (ou uma prisão), com atividades repetitivas, sem muita liberdade para escolhas, sinal para troca de turno, intervalo curto para comer e muitas regras a serem seguidas. A escola passa a ser um lugar que são obrigados a frequentar, mas eles deixam de ser a escola, como acontecia no início da escolaridade.

É exatamente isso que **não** queremos!

Eu fico surpresa em ver tantas escolas reproduzindo esse modelo prussiano (tradicional/tecnicista) de ensino ainda hoje. Se isso acontece na sua escola, está na hora de alguém começar essa mudança. E esse alguém é você!

"EU TINHA MUITAS CERTEZAS"

Minha família é toda de professoras, mãe, tias, primas. Eu cresci em meio ao mimeógrafo e aos causos de sala de aula. Enquanto meus pais faziam um sacrifício para pagar um Ensino Médio em escola privada, eu nunca falei que seguiria a carreira docente. Eu pensava em jornalismo ou propaganda. Mas no 3º ano do Ensino Médio passei a imaginar em como queria ajudar a transformar a educação brasileira e, cheia de esperança, fui acompanhar algumas professoras da Educação Infantil. Na primeira semana eu tive certeza de que queria fazer pedagogia.

Naquele dia falei com mamãe, que lembrou o quanto à profissão era desvalorizada. Então decidi que faria uma boa faculdade e estudaria muito para ser uma professora diferenciada. Meus pais me apoiaram, apesar de precisarem me ajudar a morar em outra cidade e ter um custo muito mais alto do que se fizesse a faculdade na minha cidade natal.

Eu valorizei cada segundo dessa oportunidade: fiz parte dos grupos de pesquisa, dos projetos de diferentes áreas, dos eventos acadêmicos e de tudo que a Unesp podia me oferecer. Além da minha grade, ainda estudei psiquiatria infantil, orientação vocacional, fábulas e contos de fadas, filosofia para crianças e educação para crianças de alta vulnerabilidade ou de liberdade assistida.

Eu tinha certeza de que minha carreira seria dedicada à educação infantil e por isso fiz todos os cursos e oficinas que apareceram sobre a importância do lúdico, do brincar, sobre criação de brinquedos, jogos e brincadeiras, músicas, contação de histórias e muito mais. Detalhe: depois eu fui contadora de Histórias oficial da Saraiva por dois anos.

O fato é que ao retornar para minha cidade e ingressar em duas redes de ensino, não consegui pegar Educação Infantil, mas me apaixonei pelo Ensino Fundamental. Quando precisei ir para a fase dos pequeninos percebi que era encantador, no entanto eu me identificava mais com os alunos maiores. E quando trabalhei com os anos finais do Fundamental gostei mais ainda!

Mas olha só que interessante: passei quatro anos me preparando para a Educação Infantil e tendo a certeza de que a educação precisava andar de mãos dadas com o lúdico e as artes. E quando me tornei professora percebi que essa certeza se aplicava a toda escolaridade!

Fui a professora que sempre cantou, brincou, jogou, riu e se divertiu com os alunos de todas as idades. Mas não fui bem-vista por muitos nesse processo, alguns me chamavam de maluquinha, bagunceira, a que "quer se achar diferente", a que "quer aparecer" ou só deseja ser a professora queridinha.

Então conheci o Mitchel Resnick, a aprendizagem criativa, A Rede Brasileira de Aprendizagem Criativa, o *Jardim de Infância para a vida toda* e, percebi que não era a única maluquinha! Tanto que hoje sou líder de Professores Mágicos do Brasil inteiro que acreditam no poder transformador da Educação Criativa e isso é mesmo mágico!

Reflexão: o quanto do Jardim da infância há em suas aulas? Quanto de **colaboração, exploração, autonomia e diversão** você tem propiciado aos seus alunos?

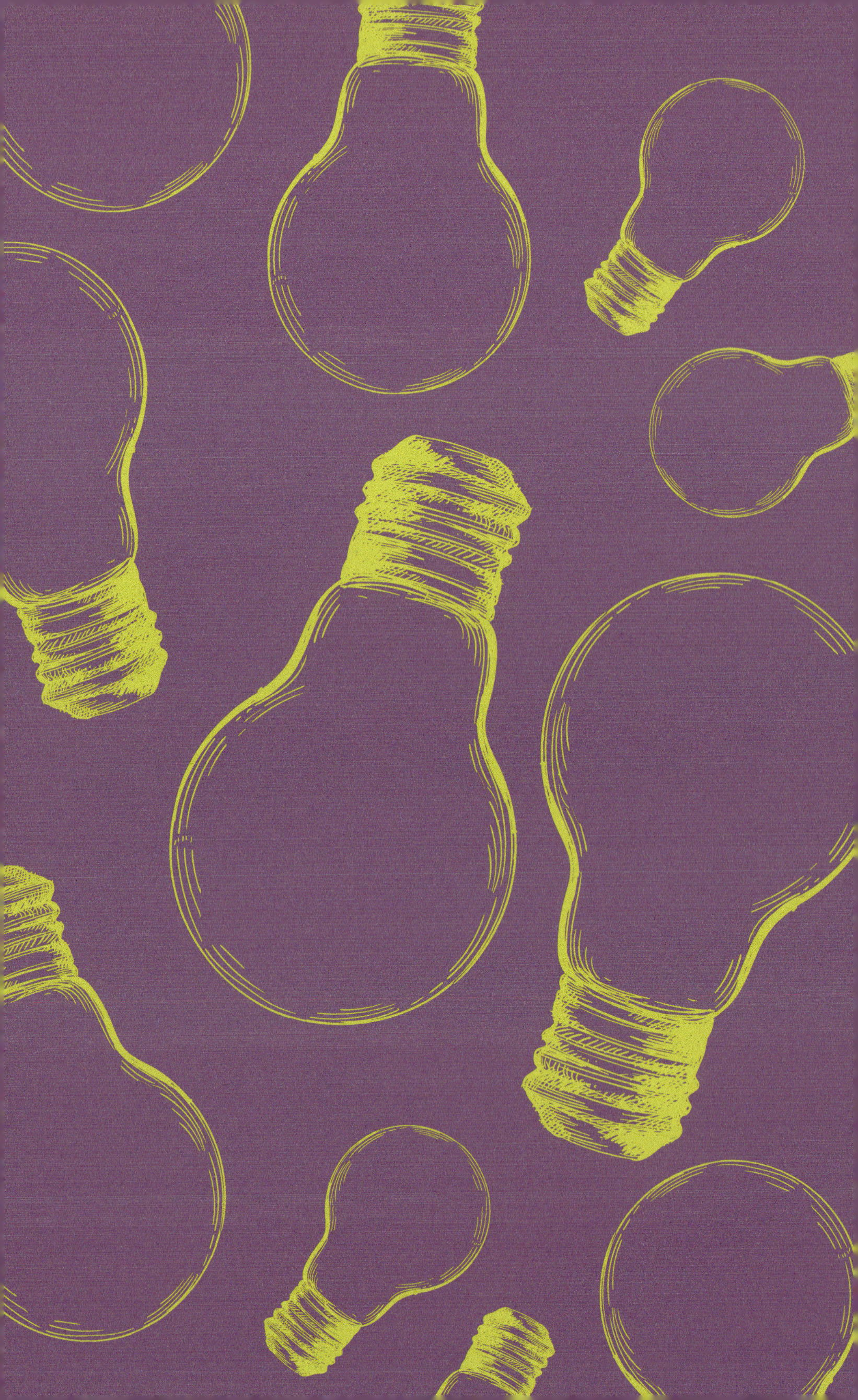

Capítulo 4

QUE CAMINHO SEGUIR

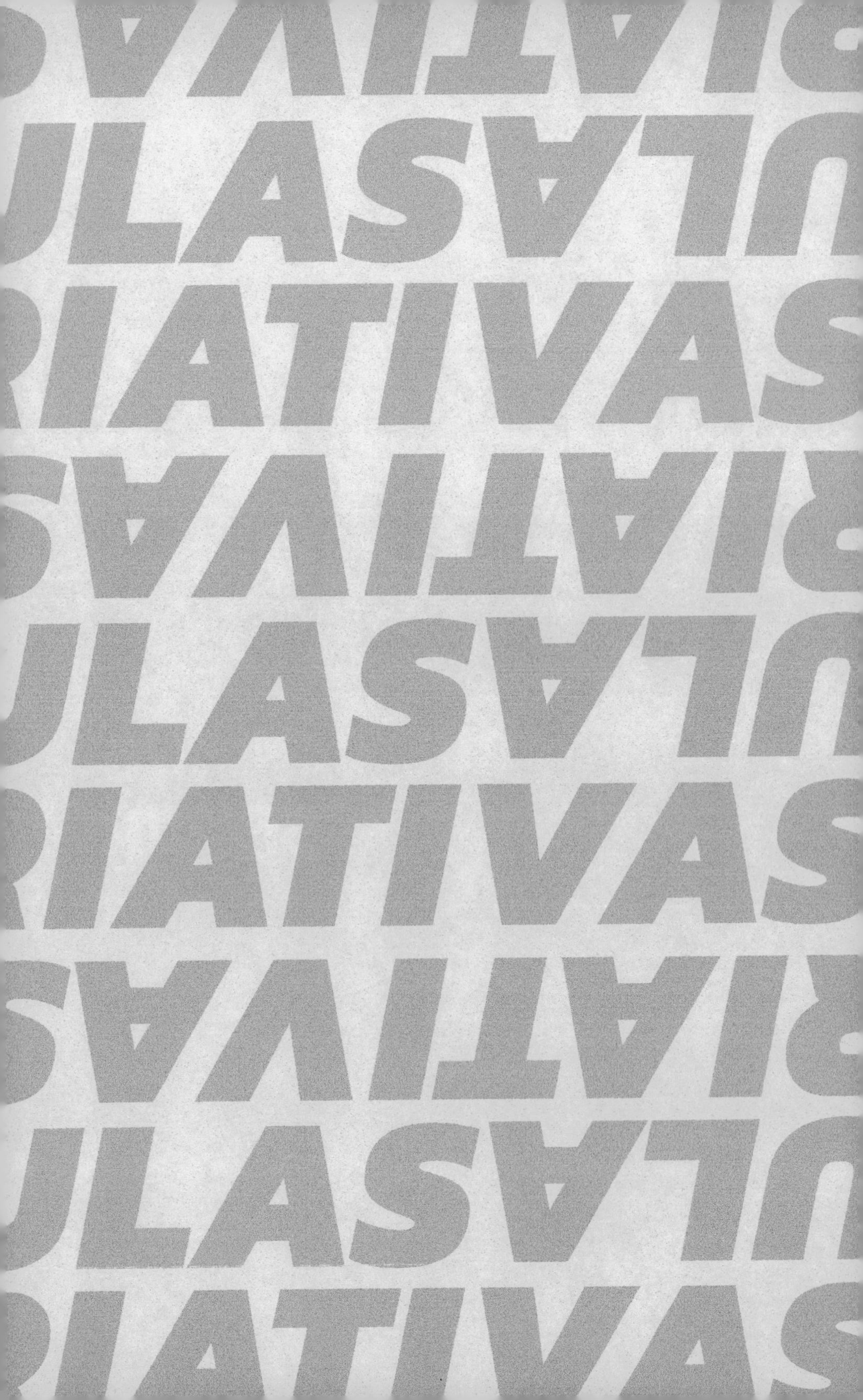

RECLAMARAM DAS MINHAS AULAS

Eu tinha acabado de entrar numa nova escola e estava com um 5º ano. Era fim de março e eu percebia três professoras hostis comigo, me olhando atravessado, cochichando na minha frente. Até que a coordenadora me chamou para uma conversa e disse que tinha ouvido falar que minha aula era muito agitada, que eu não fazia fila para o lanche e que vivia saindo da sala de aula com os alunos.

Eu fiquei estarrecida com a conversa e tive vontade de chorar. Mas me mantive firme e disse que quase tudo estava no meu planejamento que eu tinha entregado a ela. Ela ficou sem jeito, demonstrando que não tinha lido meu documento, e disse que assistiria minhas aulas.

Na sexta-feira, quando eu entrei na sala, ela já estava lá com seu caderno. Acompanhou minha aula de história com teatro e produção de texto coletivo, as inúmeras correções da aula de matemática e a leitura espontânea no fim da tarde, com as crianças espalhadas pelo pátio.

Depois que todos foram embora, a coordenadora fez elogios com minha forma de envolver os alunos nas atividades. Ela disse que percebeu **intenção na minha prática** e que tudo fazia sentido com meu **planejamento** que estava em suas mãos. A partir dali eu passei a ter mais segurança ao usar esse argumento: cada uma das **minhas ações tem um propósito.**

VOCÊ PRECISA DE INTENCIONALIDADE

Dinâmicas, jogos, memes ou músicas? Sim, vamos utilizar diferentes estratégias para tornar nossas aulas mais criativas. Mas tudo precisa ter um objetivo, uma intenção clara. **Existem perguntas que devem nortear nossa prática:**

- O QUE MEU ALUNO PRECISA APRENDER NESTE ANO/BIMESTRE/MÊS?

- QUAIS COMPETÊNCIAS E HABILIDADES PRETENDO AJUDAR MEU ALUNO A DESENVOLVER NESSE PERÍODO?

- QUAIS AS ESTRATÉGIAS QUE USAREI PARA ATINGIR ESSES OBJETIVOS?

COMO FAZER UM PLANO DE AULA

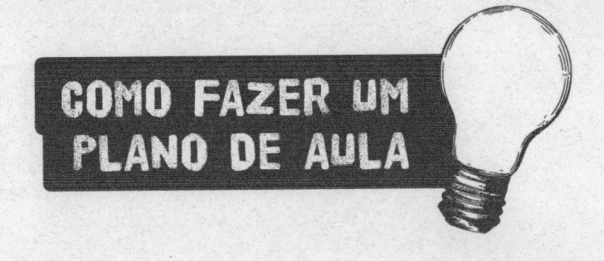

> "Para quem não sabe onde quer ir, qualquer caminho serve."
>
> Alice no país das maravilhas

O plano de aula organiza seu trabalho, dá clareza, otimiza o tempo, te ajuda a conduzir o ritmo da aula e realizar a avaliação das aulas. Nele deve conter os seguintes passos: objetivos, recursos, estratégias e avaliação.

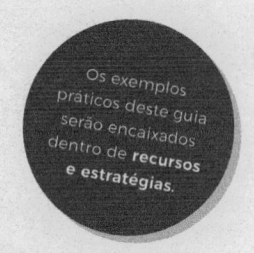

*Os exemplos práticos deste guia serão encaixados dentro de **recursos** e **estratégias**.*

PLANO DE AULA

OBJETIVOS

OBJETIVOS

OBJETIVOS

AVALIAÇÃO

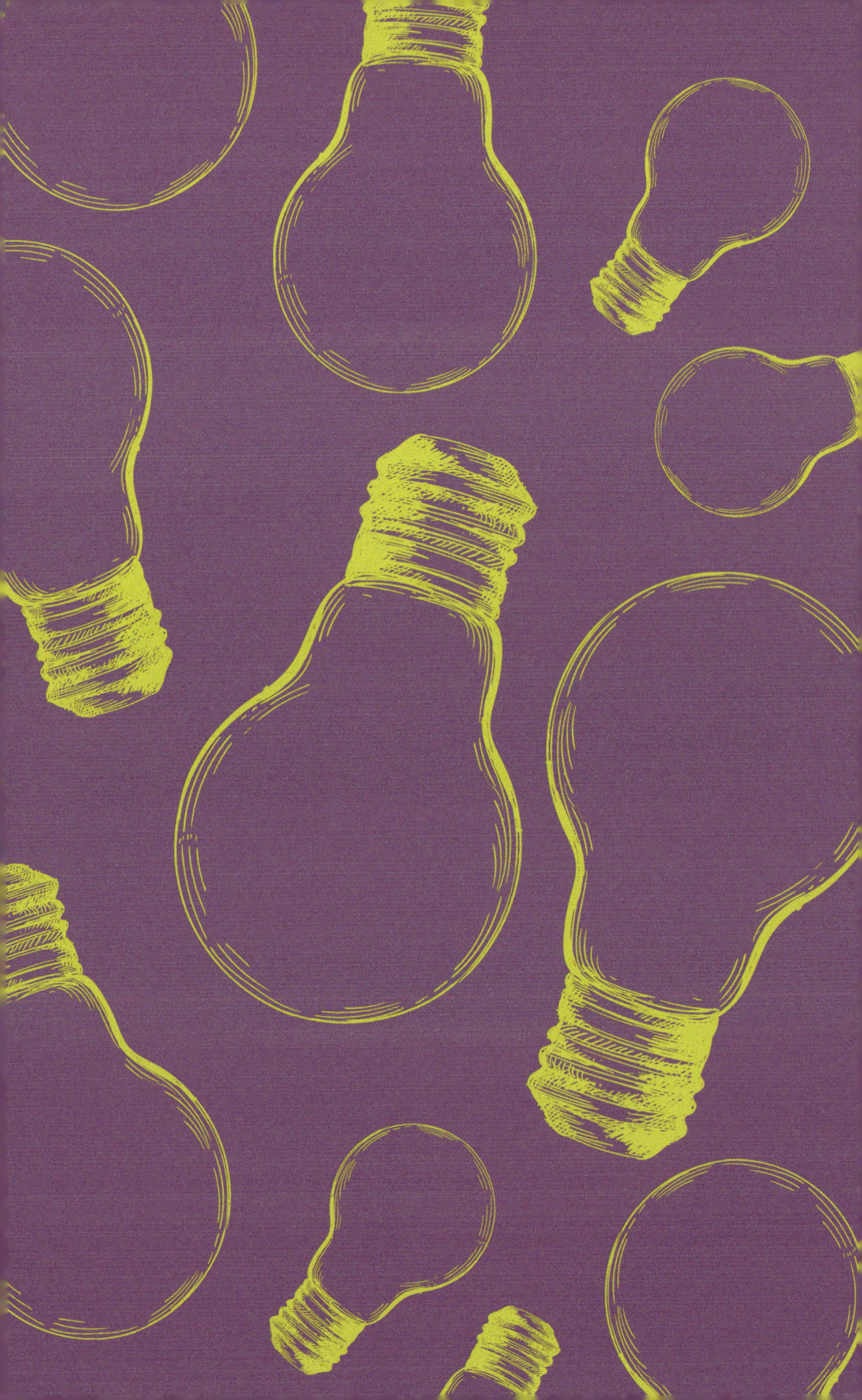

Capítulo 5

O CICLO DA AULA INEFICAZ

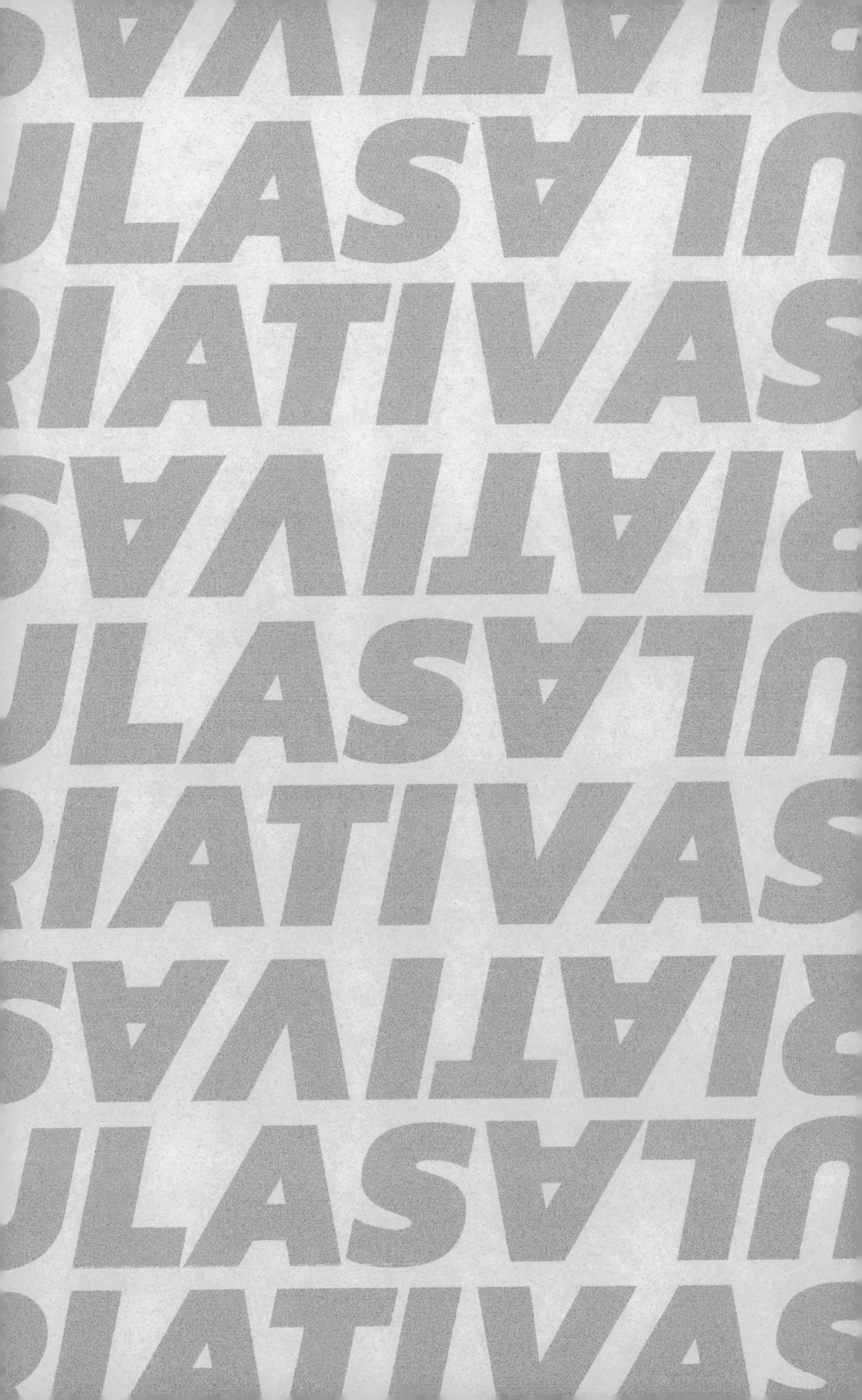

MEU PROBLEMA COM A MATEMÁTICA

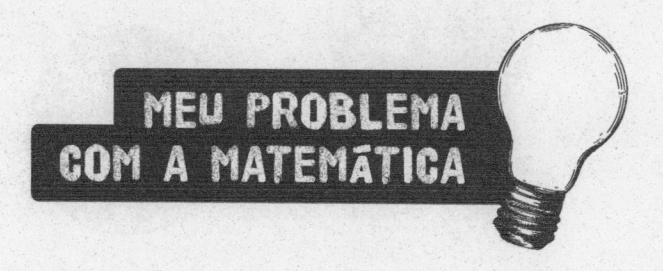

Eu tive um sério problema com a professora Celina na oitava série. Ela dava aula de matemática e no primeiro dia já chegou mostrando que não sabíamos nada e estávamos atrasados. (Ela tinha razão, infelizmente). Eu não gostava da matéria e não gostei dela. Quanto mais a Celina me pressionava mais eu desgostava dela. Fui super mal nas primeiras provas e fiquei de recuperação pela primeira vez na vida! Isso foi determinante para eu dizer aos meus pais que odiava Celina e a matemática e que jamais aprenderia! Foi um ano de grandes conflitos que afetaram os anos seguintes.

Na época eu não sabia, mas entrei no **Ciclo da Aula Ineficaz** com a matemática e fiquei nele por muito tempo. Quanto menos eu estava disposta a aprender, menos aprendia e mais desmotivada eu ficava.

```
        ALUNO
      DESMOTIVADO
                         →
                              APÁTICO OU
                            INDISCIPLINADO

  NÃO TEM BOM
   DESEMPENHO
                    NÃO PARTICIPA
                      DAS AULAS
```

CURIOSIDADE

O **ciclo** da aula **ineficaz** coloca os alunos numa espiral de não aprendizagem e os professores numa frustração imensa. É por isso que coloquei no ciclo o nome de Dolores, lembrando da personagem de *Harry Potter* que é uma antagonista que não possui muitos fãs.

Dolores Umbridge é uma professora autoritária, que não aceita a opinião dos alunos e ministra aulas ineficientes. Ela ainda é cruel, insensível e arrogante. É óbvio que suas aulas eram completamente ineficazes.

O DESAFIO DA PÓS PANDEMIA

O Ciclo de Aula Ineficaz sempre existiu, mas foi acentuado pela Pandemia e o excesso de telas.

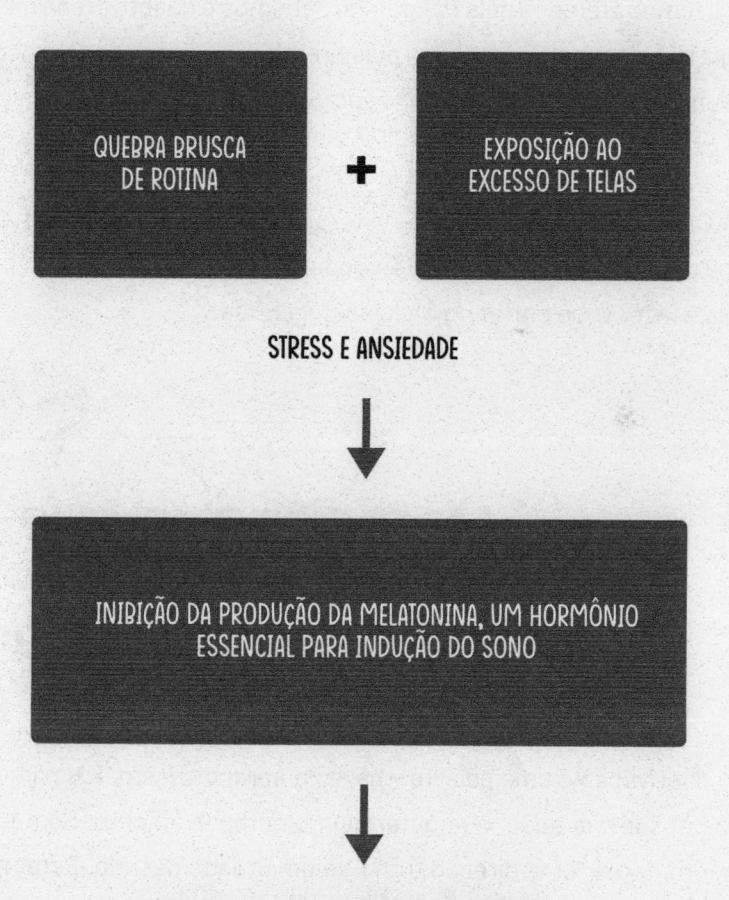

QUEBRA BRUSCA DE ROTINA + **EXPOSIÇÃO AO EXCESSO DE TELAS**

STRESS E ANSIEDADE

⬇

INIBIÇÃO DA PRODUÇÃO DA MELATONINA, UM HORMÔNIO ESSENCIAL PARA INDUÇÃO DO SONO

⬇

IMPULSIVIDADE, IRRITAÇÃO, MELANCOLIA, ALTERAÇÃO NO CONTROLE INIBITÓRIO, ATENÇÃO E FOCO

NOSSA ENERGIA É DRENADA

Nós já entendemos que os estudantes têm motivos para estarem desatentos e desmotivados, mas nós não temos culpa de nada disso e fomos afetados pela Pandemia. Sabemos o quanto drena nossa energia não conseguir concluir a aula preparada, não ter engajamento dos alunos e perceber que eles não estão avançando. Ficamos frustrados e exaustos!

Calma, respira fundo. É possível quebrar o Ciclo da Aula Ineficaz. Como? Com a motivação! Ela é tão poderosa que pode mudar o clima da sala e fazer você entrar no Ciclo da Aula Eficaz.

> **Mas, afinal, o que é motivação? É o que nos movimenta a fazer algo.**

"Motivação é uma palavra-chave na aprendizagem. É um impulso que nos leva à ação, que determina o comportamento. Sem esse elemento, tomar uma direção torna-se um grande desafio. Estar motivado não significa que o caminho a percorrer será fácil, sem obstáculos. Nem há certeza de que se chegará ao destino. Mas é certo que a vontade de seguir nos move." (BARBOSA, 2016)

COPULATIVAS

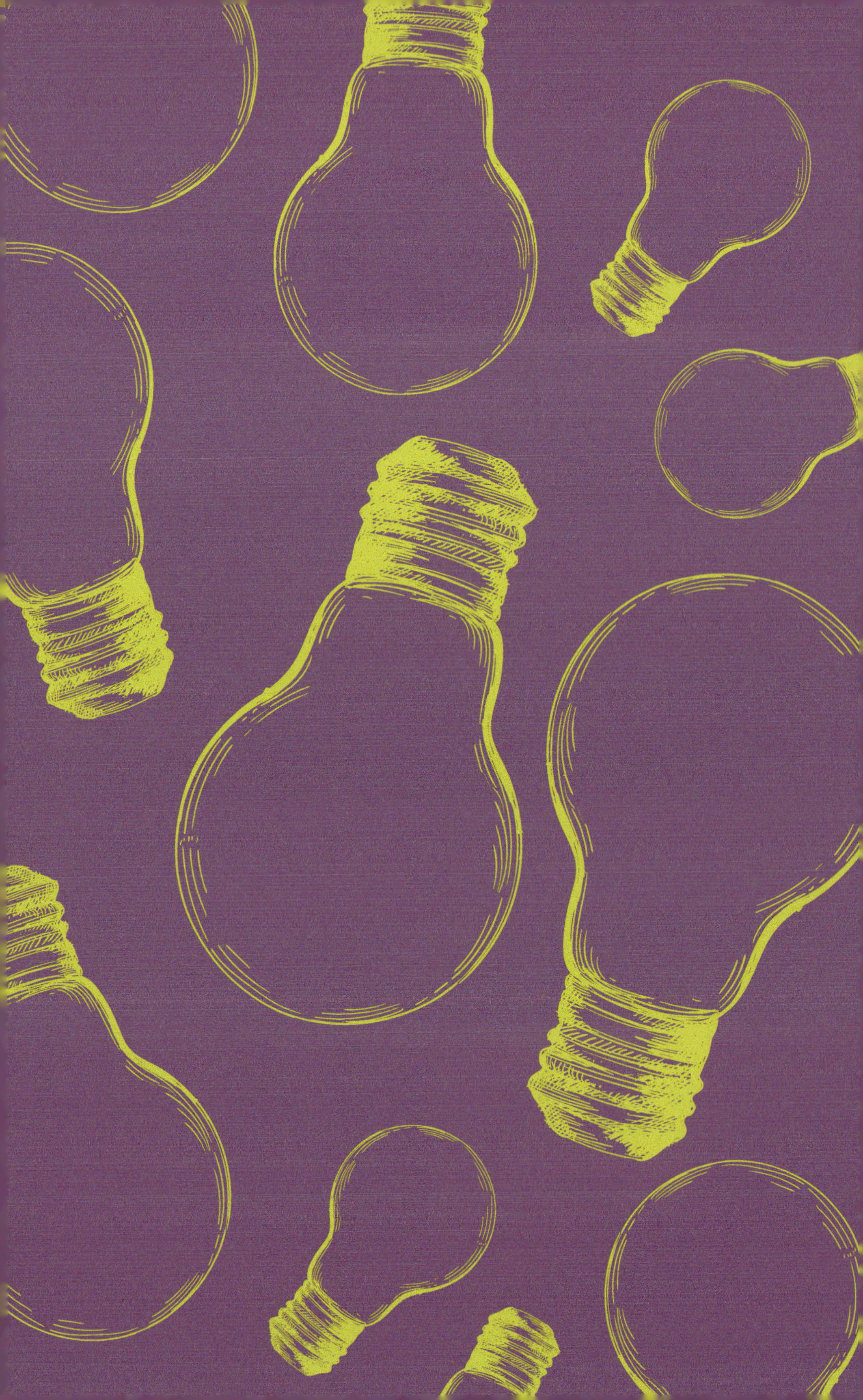

Capítulo 6

COMO MOTIVAR OS ALUNOS

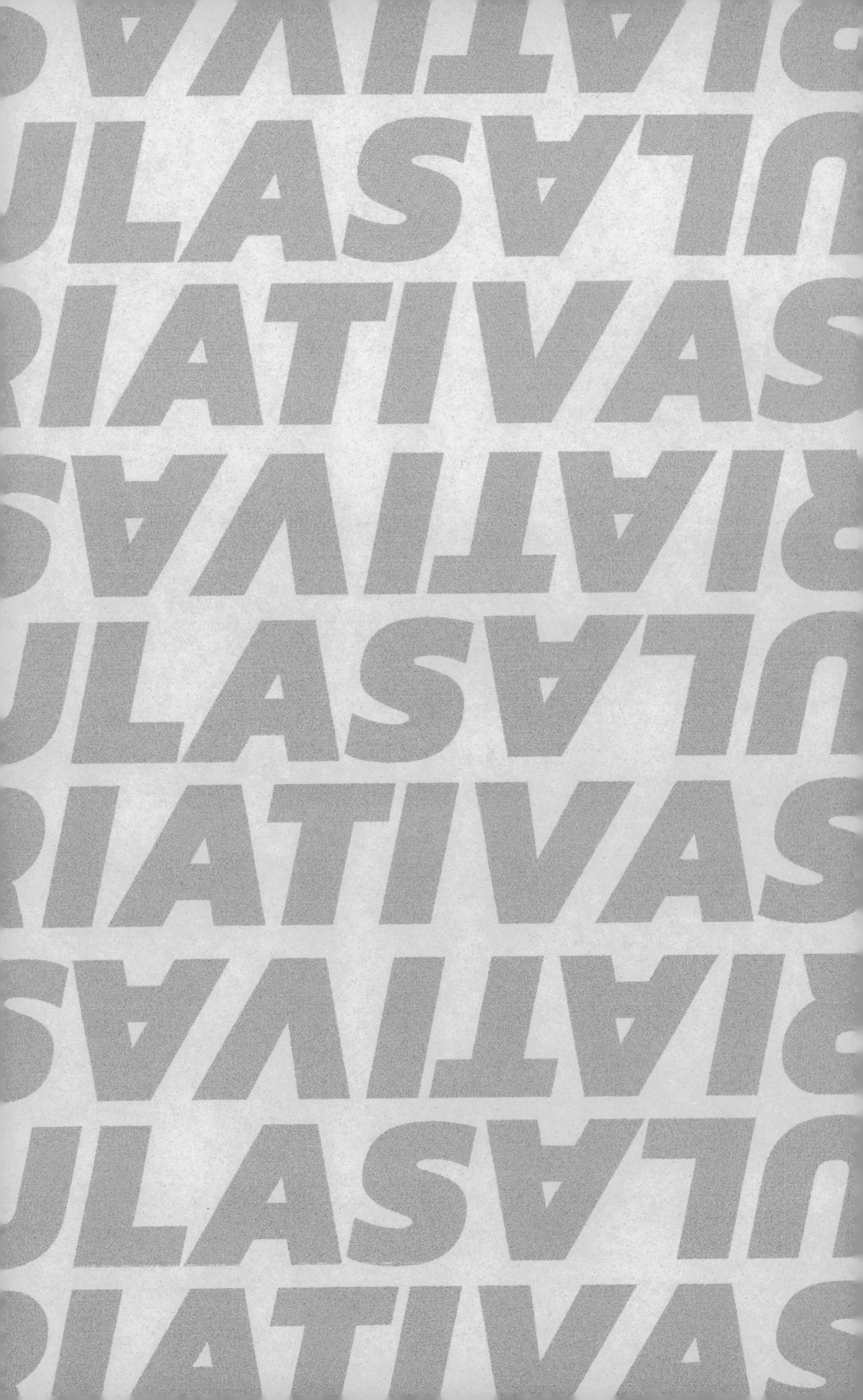

OS 4 PASSOS ESSENCIAIS

Podemos dividir a tarefa de motivar os alunos em 4 passos:

1

CONHECER OS ALUNOS

O primeiro passo da motivação é o conhecimento dos alunos. Isso envolve entender suas características individuais, interesses, necessidades e estilos de aprendizagem. Ao conhecer os alunos, nós podemos adaptar as estratégias de ensino e criar um ambiente que seja relevante e significativo para eles.

2 ESTABELECER VÍNCULOS

O segundo passo é o estabelecimento de um vínculo positivo entre nós e os alunos. Isso significa criar um ambiente acolhedor e de confiança mútua, onde os alunos se sintam seguros para expressar suas ideias, tirar dúvidas e participar ativamente das atividades. O vínculo positivo contribui para que os alunos se sintam valorizados e conectados conosco e, consequentemente, se sintam motivados a aprender.

3 CHAMAR ATENÇÃO OS ALUNOS

O terceiro passo envolve estratégias para chamar a atenção dos alunos e despertar seu interesse. Isso pode ser feito por meio de materiais visuais atrativos, histórias envolventes, exemplos do cotidiano dos alunos, perguntas desafiadoras ou atividades práticas. O objetivo é capturar o interesse dos alunos desde o início da aula e mantê-los engajados ao longo do processo de aprendizagem.

4 MANTER O ENGAJAMENTO

O quarto passo é manter os alunos engajados ao longo da aula. Isso requer a utilização de estratégias que promovam a participação ativa dos alunos, como discussões em grupo, projetos colaborativos, jogos educativos, debates ou atividades práticas. Além disso, é importante variar o ritmo da aula, intercalando momentos de aula expositiva com atividades mais dinâmicas, para evitar que os alunos se sintam entediados ou desconectados.

Falaremos mais sobre cada um dos passos nos capítulos a seguir.

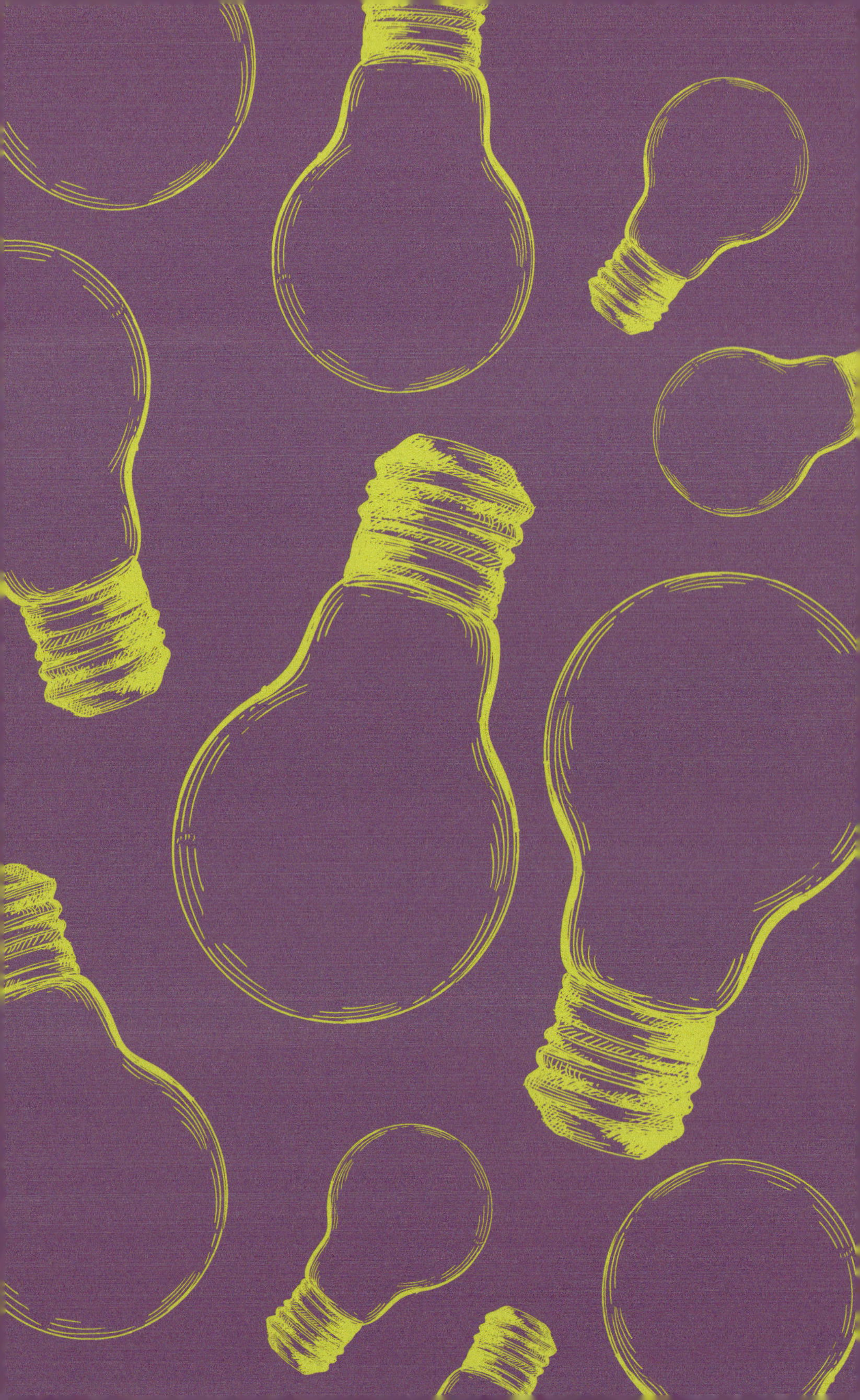

Capítulo 7

PRIMEIRO PASSO: CONHECER OS ALUNOS

ESTRATÉGIAS PARA CONHECER OS ALUNOS

CARÔMETRO

Especialmente para quem tem várias turmas, é necessário buscar estratégias para facilitar a identificação dos alunos. Fotografe os alunos, como se fosse 3x4 e imprima todos da sala numa folha ou duas. Coloque no caderno ou pasta da turma e deixe aberto durante a aula. Cada professor pode fazer de uma turma e depois todos socializarem.

PRIMEIRO DIA

Prepare dinâmicas para o início das aulas, de forma que você e os alunos se conheçam. Pode ser feita em duplas, em que cada um apresenta o colega, pode ser um desenho para representá-lo ou uma propaganda de si mesmo.

CARTA

Escreva uma carta aos alunos contando um pouco de sua história: quantos irmãos tem, com quem vive, se tem pets, o que gosta e o que não gosta de fazer. Você pode escrever à mão ou digitar, xerocar e entregar aos alunos dobrada e com a importância de uma carta. Depois entregue uma folha para que eles respondam a carta seguindo o mesmo roteiro. Dessa forma você terá várias informações sobre eles e ainda saberá como está a produção de texto deles.

É possível variar a atividade de acordo com a idade dos alunos, com os menores pode ser uma carta-desenho. Se houver muitas turmas é possível fazer de forma mais enxuta para você conseguir ler de todo mundo.

BATE-PAPO

Faça rodas de conversa ou momentos de descontração no início ou fim da aula para ouví-los. Pergunte sobre o fim de semana, sobre os desenhos ou séries que estão assistindo, ou até mesmo a opinião deles sobre algum acontecimento midiático. Eles também gostam de contar fofocas da escola, você pode avaliar se serão adequadas ou não. O importante é eles perceberem que você se interessa por eles e que eles podem contar com você.

CRACHÁ DE MESA OU BRASÃO PERSONALIZADOS

Dê a eles uma folha de sulfite e os ensine a dobrar duas vezes, de forma que vire um triângulo que se mantém em pé na mesa. Peça para eles escreverem o nome grande, usando as cores favoritas e desenhos que os representem: time, filme, personagens, comida preferida, etc. Recolha e use em suas aulas. É uma excelente forma de trabalhar autoconhecimento com eles e ter informações sobre o que eles gostam! E de quebra, ajudar na memorização de seus nomes.

CHAMADAS DIVERTIDAS

Faça chamadas diferentes, em que eles precisam responder preferências quando forem chamados. Pode ser comida preferida, lugar que deseja conhecer, pet que tem ou deseja ter, Youtuber ou Tiktoker que mais gostam, etc.

É rápido, eles adoram responder e você ganha informações preciosas sobre o que eles estão consumindo! Eu descobri artistas que nunca tinha ouvido falar e que a maioria da turma gostava muito! Tendo várias turmas eu fazia a chamada por anos, essa semana com os 6º anos, na outra com 7º e assim sucessivamente.

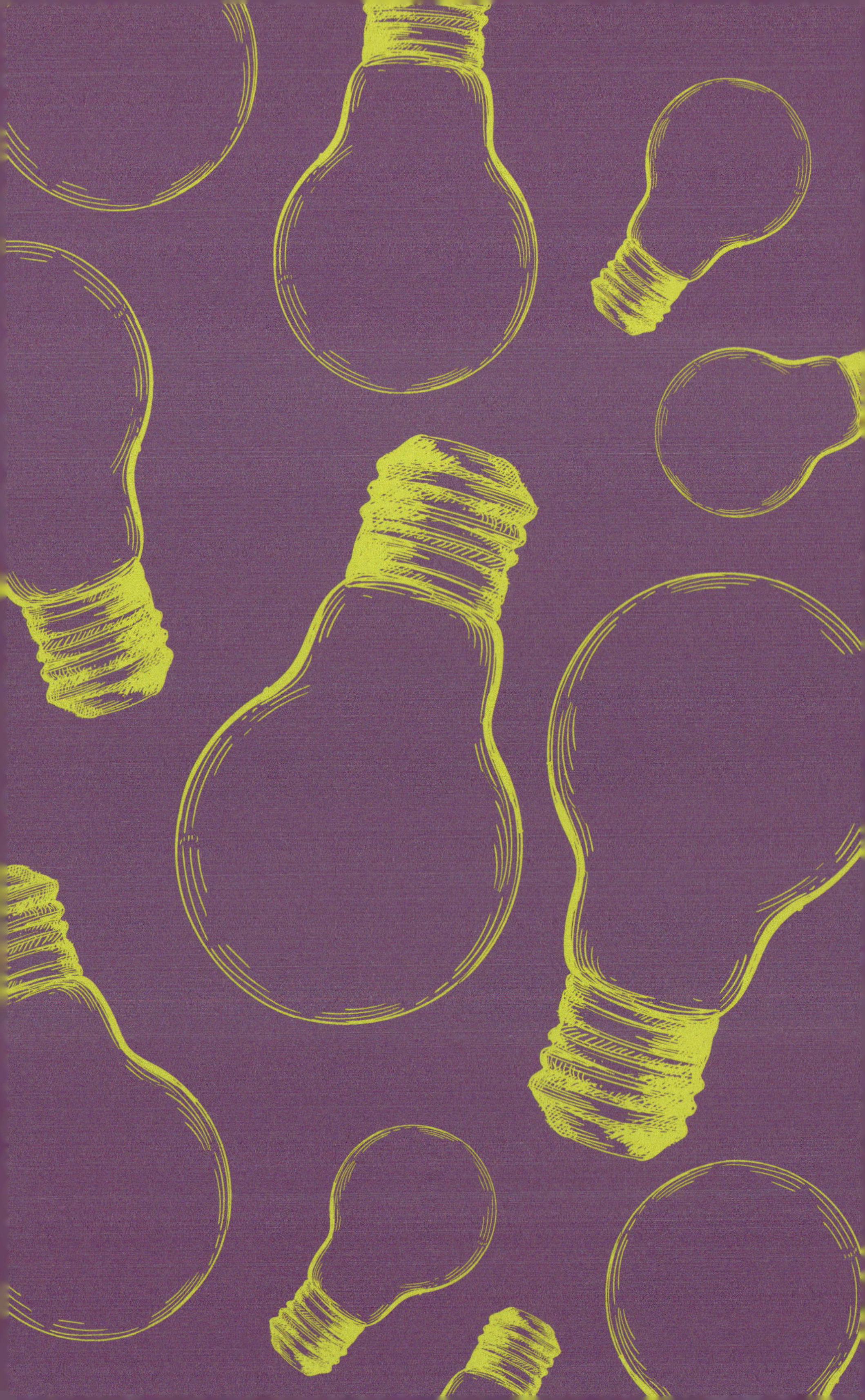

Capítulo 8

SEGUNDO PASSO: CRIAR CONEXÃO

ULAS RIATIVAS

AFETIVIDADE É A BASE

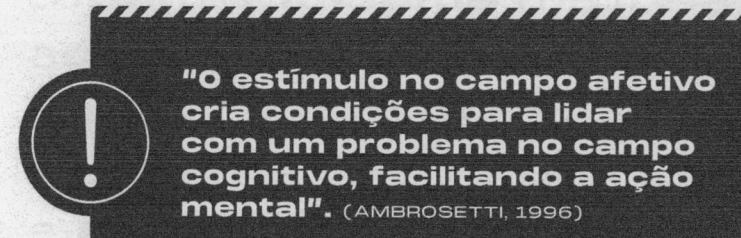

> "O estímulo no campo afetivo cria condições para lidar com um problema no campo cognitivo, facilitando a ação mental". (AMBROSETTI, 1996)

"NÓIS RESPEITA A SRA. PORQUE A SRA. RESPEITA NÓIS"

Essa foi a resposta de um aluno de 15 anos, em situação de alta vulnerabilidade, quando eu perguntei **por que ele e os amigos faziam as atividades nas minhas aulas e causavam o terror em outras aulas.**

Os alunos percebem quando os respeitamos, quando somos comprometidos, quando acreditamos neles, quando nos preocupamos. Isso pode ser determinante para o seu progresso em nossas aulas.

O estabelecimento de vínculos com os alunos **é fundamental para o sucesso** do ensino. Quando os estudantes se sentem **emocionalmente conectados** e **valorizados** pelos professores, eles se tornam mais **motivados, engajados e dispostos** a participar ativamente das atividades escolares.

Veja o resultado da pesquisa sobre boas práticas:

"As professoras apresentavam estilos diferentes, mais carinhosas ou enérgicas, mas **todas se preocupam com o aprendizado dos alunos,** esclareciam os motivos das regras, realizavam os contratos didáticos e possuíam grande interação com eles. (...) As atividades desenvolvidas pelas **professoras de sucesso** são tão importantes quanto o clima construído na sala de aula e a interação entre alunos e professora e entre alunos."

(BARBOSA, 2016)

ESTRATÉGIAS PARA CRIAR VÍNCULOS

Ao estabelecer vínculo com os alunos você facilita todo o processo de ensino-aprendizagem e cria um clima favorável na sala de aula.

NOME PRÓPRIO

Nenhum som é mais doce para nós do que nosso nome, portanto, procure chamar os alunos nominalmente. Utilize as estratégias que já mostrei para ajudar na memorização, mesmo tendo várias turmas.

CUMPRIMENTO E ACOLHIDA

Receba seus alunos com um sorriso caloroso, um cumprimento individual e uma palavra de boas-vindas. Demonstre interesse genuíno em estar ali, eles vão perceber.

ESCUTA ATIVA

Esteja presente e demonstre interesse durante as conversas e interações com os alunos. Faça perguntas abertas, estimulando-os a se expressarem e compartilharem suas ideias.

VALORIZAÇÃO E ENCORAJAMENTO

Reconheça e valorize o esforço, as conquistas e os progressos individuais de cada aluno. Ofereça palavras de encorajamento e apoio, criando um ambiente seguro para errar e aprender.

DIÁLOGO ABERTO

Estabeleça um ambiente de respeito e confiança, onde os alunos se sintam à vontade para expressar suas opiniões, sentimentos e dúvidas. Esteja aberto ao diálogo e crie momentos para escutá-los individualmente ou em grupo.

INTERESSES E PROJETOS PESSOAIS

Interesses e projetos pessoais: Mostre interesse pelos interesses e projetos pessoais dos alunos. Incentive-os a explorar temas que sejam relevantes para eles e relacione o conteúdo curricular a essas áreas de interesse. A aluna disse que está escrevendo um livro? Peça pra ler! Outra gosta de desenhar? Incentive a estudar técnicas! Alguém toca um instrumento? Marque um show de talentos!

RECONHECIMENTO E CELEBRAÇÃO

Reconhecimento e celebração: Valorize as conquistas dos alunos, tanto acadêmicas como pessoais. Crie momentos para celebrar o progresso individual e coletivo, destacando as contribuições únicas de cada um. Uma ideia é fazer um mural de destaques, valorizando diferentes alunos por bimestre ou entregar certificados de reconhecimentos.

FRASES PARA TE INSPIRAR

Inspire-se e use com seus alunos.

- ✓ Isso mesmo!
- ✓ Valeu por tentar.
- ✓ Parabéns por responder / acertar
- ✓ Está quase certo / faltou...
- ✓ Poderia ser isso, mas na verdade é....
- ✓ Você faltou e senti sua falta.
- ✓ Que lindo seu cabelo, sua make, seu...
- ✓ Você é muito talentoso!
- ✓ Uau, foi uma resposta criativa!
- ✓ Parabéns pela dedicação!
- ✓ Continue assim!
- ✓ Gosto muito de dar aula pra vocês!
- ✓ Sei do potencial de vocês e o quanto o saber transforma! Não voltem para casa com dúvidas. É isso que mudará tudo.
- ✓ Amo ensinar, ainda mais quando me deparo com uma turma que quer aprender de verdade.

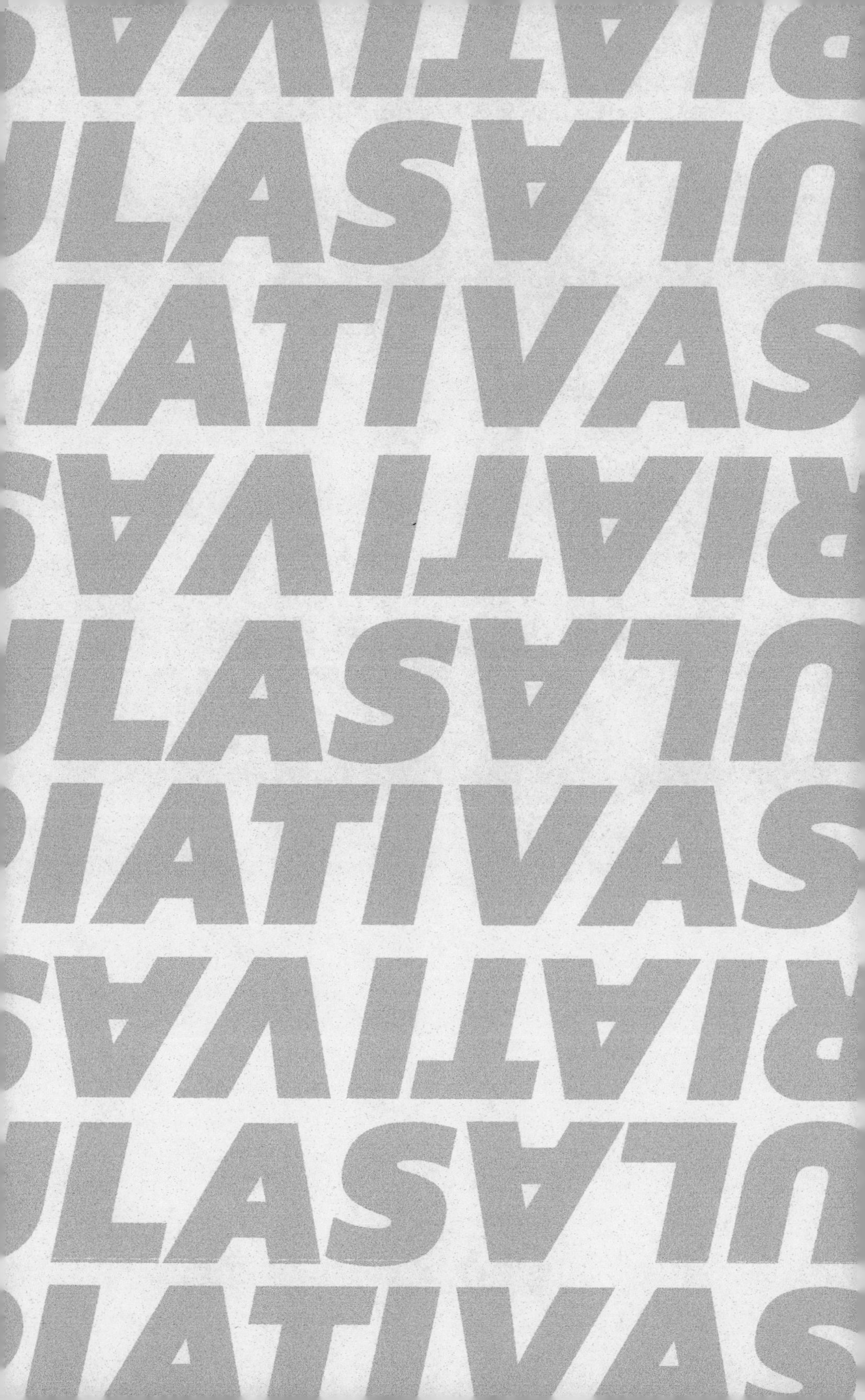
IATIVAS
IATIVAS
IATIVAS

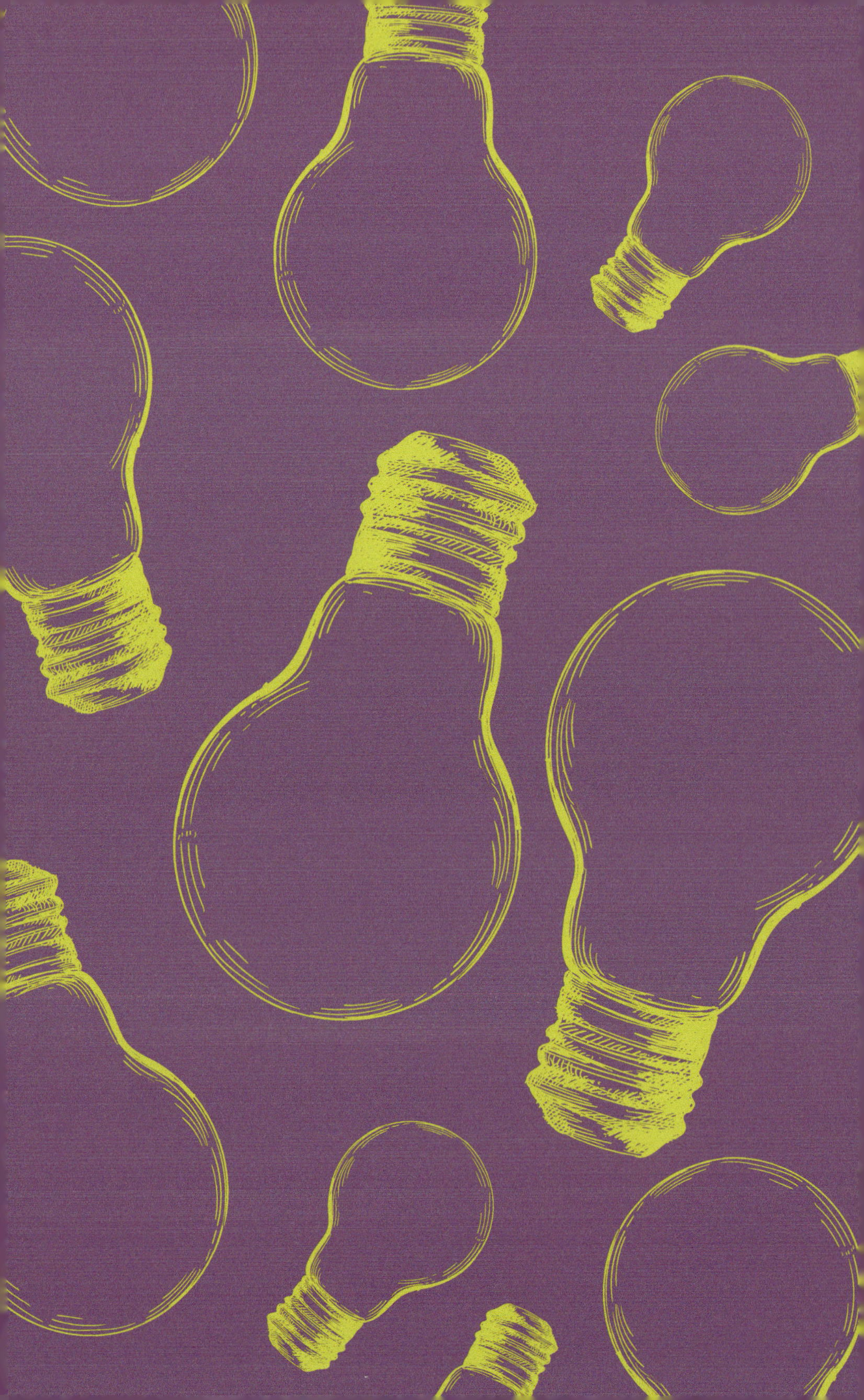

Capítulo 9

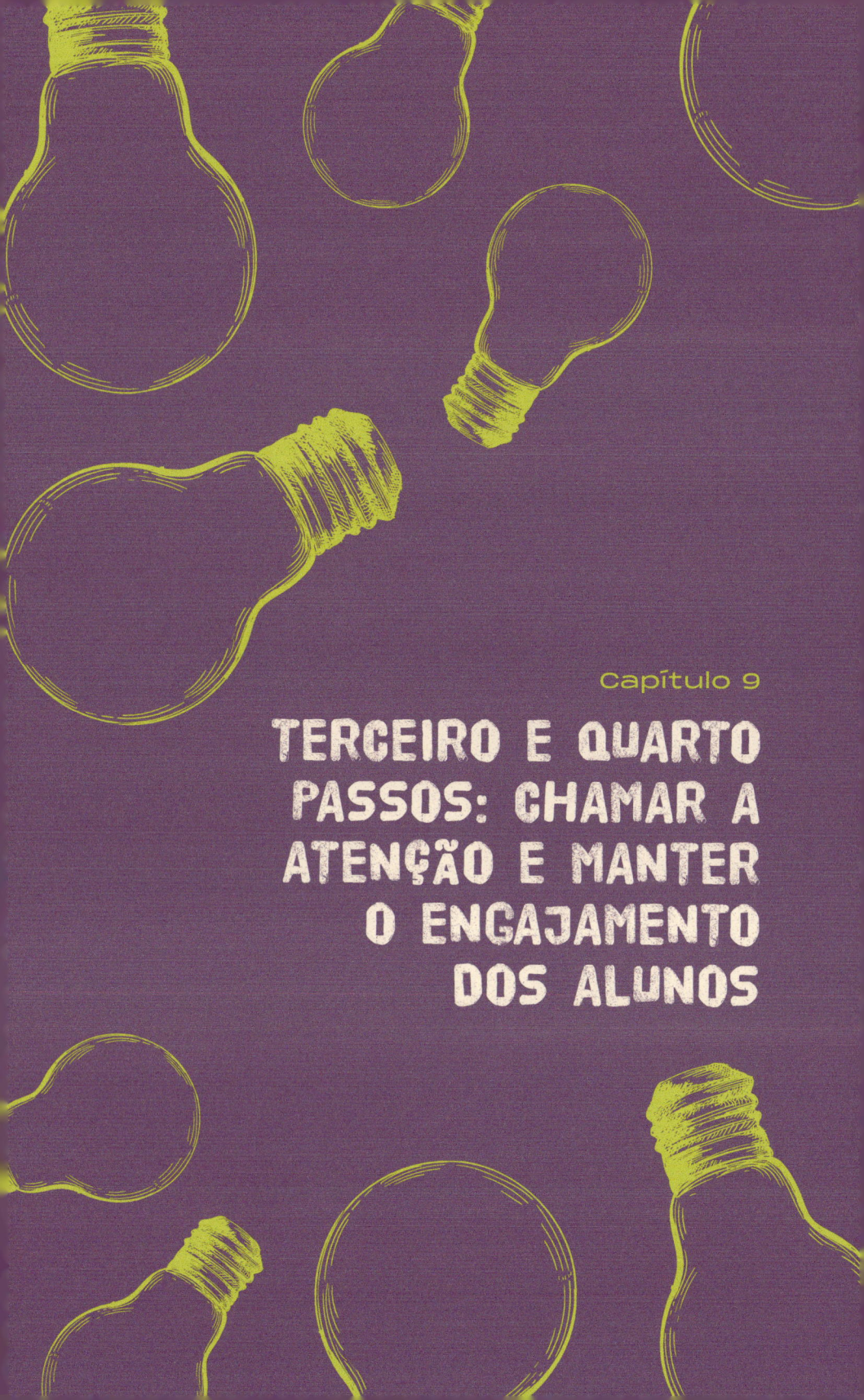

TERCEIRO E QUARTO PASSOS: CHAMAR A ATENÇÃO E MANTER O ENGAJAMENTO DOS ALUNOS

RIATIVAS
ULASATIVAS
RIATIVAS

ESTRATÉGIAS PARA ATRAIR E ENVOLVER OS ALUNOS

A atenção é uma função cognitiva do nosso cérebro que mantém o funcionamento cerebral em parceria com a atividade que estamos realizando. Para alguém aprender qualquer coisa é preciso acionar a atenção, portanto é nossa função buscarmos formas de estimular essa função nos alunos e para isso separei diversas opções dentro dessas categorias:

- Aula Montanha-russa
- Início de impacto
- Pausas produtivas
- *Gran finale*

AULA MONTANHA-RUSSA

Você já parou para pensar na importância do ritmo nas aulas?

Muitas vezes, o conteúdo pode se tornar monótono e cansativo, deixando os alunos desinteressados e com dificuldades de se conectar com o assunto. E se eu te disser que podemos transformar as aulas em verdadeiras montanhas-russas de emoção e aprendizado? Esse é o poder do ritmo nas aulas!

Assim como numa montanha-russa, o ritmo traz dinamismo para o processo de aprendizagem. Ele cria uma atmosfera envolvente, desafiadora e, até mesmo divertida! Não, você não precisa ser comediante ou animador de auditório, só precisa conhecer as estratégias e ferramentas corretas. Então, vamos conhecê-las!

1 COMECE COM UM GANCHO

Assim como na montanha-russa, um bom gancho é como o momento emocionante e surpreendente que captura a atenção dos alunos logo no início da aula, preparando-os para a aventura que está por vir.

2 PROMOVA A INTERAÇÃO

Incentive a participação ativa dos alunos, criando momentos de diálogo e troca de ideias. Faça perguntas, peça opiniões e estimule debates saudáveis. Quando os alunos se tornam protagonistas do processo de aprendizagem, eles se sentem mais envolvidos e engajados.

3 USE RECURSOS AUDIOVISUAIS

Os recursos audiovisuais na aula ajudam a ilustrar os conceitos, tornando o aprendizado mais envolvente. Utilize vídeos, imagens ou músicas para estimular os sentidos e enriquecer a experiência de aprendizado.

4 VARIE AS ATIVIDADES

Assim como a montanha-russa oferece diferentes sensações, a variedade de métodos de ensino proporciona diferentes experiências de aprendizagem, mantendo os alunos engajados e interessados ao longo da aula.

5 AJUSTE O RITMO

Assim como uma montanha-russa tem diferentes velocidades, as aulas também podem variar seu ritmo. Identifique os momentos em que é necessário acelerar e desacelerar para a absorção das informações. Essa variação de ritmo mantém a atenção dos alunos e evita a monotonia.

6 PROMOVA A APRENDIZAGEM PRÁTICA

Ver um passeio de montanha-russa na TV é interessante, mas nada se compara à emoção de vivenciá-lo na prática. Da mesma forma, proporcionar experiências práticas aos alunos, como experimentos mão-na-massa, permite que eles apliquem o conhecimento de forma significativa.

7 FAÇA CONEXÕES DO CONTEÚDO COM A REALIDADE

Mostrar aos alunos como o conteúdo da aula é relevante para suas vidas cotidianas, cria uma conexão significativa e desperta o interesse. Faça isso sempre que possível.

8 — TERMINE COM CHAVE DE OURO

Assim como a descida final emocionante em uma montanha-russa deixa uma impressão duradoura, terminar a aula com um momento impactante, como um fechamento interessante ou um desafio final, motiva os alunos e os deixa ansiosos pela próxima aula.

> Sabe a sensação de que foi uma **experiência incrível** que queremos repetir? É exatamente o que queremos que nossos alunos sintam!

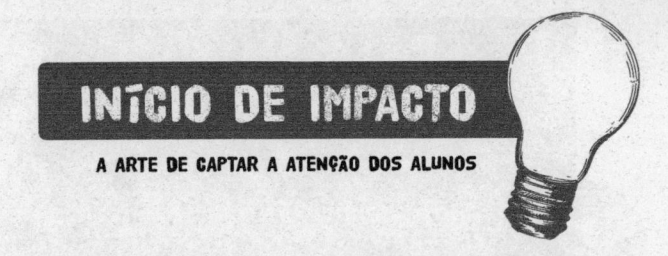

INÍCIO DE IMPACTO
A ARTE DE CAPTAR A ATENÇÃO DOS ALUNOS

Certa vez eu cheguei na minha sala do 5º ano segurando uma caveira de plástico. Os alunos ficaram alvoroçados, gritando e querendo pegar o objeto da minha mão. Eu não disse nada, só fiz gestos para se sentassem para eu começar. Eles se acalmaram, eu apaguei a luz e comecei a contar uma história de suspense com a caveira nas mãos. Os alunos me olhavam atentos e no *climax* arregalaram os olhos e até colocaram as mãos na boca!

Então, eu perguntei: "Que tipo de história foi essa?".

As respostas foram: "De medo!"; "Não, não deu medo, deu susto"; "É, a gente ficou assim, sem saber o que ia acontecer".

Expliquei: "Exatamente, amores, foi uma história de suspense. Em que as pessoas ficam na expectativa, pode até dar medo ou susto. Nos filmes temos a trilha sonora de suspense, aqui eu apaguei a luz e fiz tons diferentes de vozes. Mas como fazemos suspense num livro? Em um texto?"

Então, projetei dois textos na lousa, perguntando qual causava mais suspense:

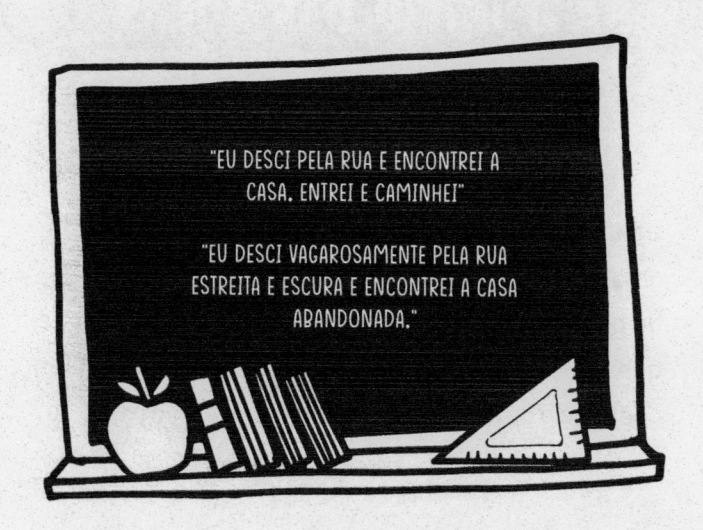

> "EU DESCI PELA RUA E ENCONTREI A CASA. ENTREI E CAMINHEI"
>
> "EU DESCI VAGAROSAMENTE PELA RUA ESTREITA E ESCURA E ENCONTREI A CASA ABANDONADA."

Eles foram unânimes em apontar a segunda frase e então eu expliquei a importância dos adjetivos e advérbios na construção desse tipo de texto. Foi um aprendizado tão lúdico e eficaz que eles produziram riquíssimos contos do gênero que me encheram de orgulho! Depois eu fiz um ensaio da mesma atividade com os pais na reunião. Nem preciso dizer que foi um sucesso, né!?

ESTRATÉGIAS PRÁTICAS PARA O INÍCIO DAS AULAS

1 Utilize uma pergunta instigante relacionada ao tema da aula para despertar a curiosidade dos alunos desde o início. Exemplos: "Como funciona a internet? Por que o ano tem 365 dias? Por que o nome de fulana tem acento e o de ciclana não tem? Como surgiu o mundo?"

2 Leve para aula um objeto, ou um baú de objetos que se relacionem com o tema da aula e causem curiosidade nos alunos. Exemplos: Caixas de pizza para a aula de frações, bolas e bambolês para geometria, caveira para contos de terror, uma bicicleta para conversão de energia.

3 Exiba imagens, vídeos ou objetos intrigantes relacionados ao assunto da aula para despertar a curiosidade visual dos alunos. Eu já usei vídeo sobre gangue para chamar a atenção deles e introduzir a análise do filme "Escritores da Liberdade", por exemplo. Já usei muita propaganda de TV ou clipe de cantores famosos para fazer gancho com o conteúdo.

4 Use storytelling: conte uma história pessoal ou de outra pessoa (real ou fictícia) que esteja diretamente ligada ao conteúdo da aula.

Exemplo: "Vocês não vão acreditar na história que tenho para contar hoje! Lá nos anos 1640 nasceu um menino na Inglaterra, que entrou na faculdade aos 17 anos se destacando em ciências e matemática. Imaginem só, fazer faculdade naquela época! Ele era curioso, estudava e fazia muita pesquisa. Mas algo terrível aconteceu em 1665: a Universidade de Cambridge fechou devido à epidemia de peste bubônica e as pessoas ficaram em isolamento! (Isso aconteceu com a gente também!) Foi nesse período que esse rapaz desenvolveu a teoria da gravitação universal, as leis do movimento e a teoria das cores. Acreditam?" Vocês sabem de quem estou falando? Isaac Newton!

5 Realize uma atividade de brainstorming em grupo, na qual os alunos possam compartilhar suas ideias e perspectivas sobre o tema em questão. Pode ser um levantamento de hipóteses, uma opinião sobre assunto polêmico ou a conclusão sobre um tema.

6 Inicie a aula com o jogo de Verdadeiro ou falso. Você distribui as plaquinhas para duplas ou trios e eles precisam decidir qual levantar para cada uma das suas afirmações sobre o tema.

7 Chegue na sala de aula usando um adereço diferente que cause curiosidade e tenha relação com o tema da aula. Exemplos: um chapéu de cowboy para falar sobre o êxodo rural, uma capa de bruxa para falar de poções, um quimono para falar da cultura asiática, uma coroa para iniciar contos de fadas ou várias peças de roupa para trabalhar análise combinatória.

....

8 Faça a chamada divertida usando temas diversos no lugar da resposta padrão dos alunos. Ela traz um início de aula divertido e ainda lhe permite conhecer melhor os alunos, como mostramos no capítulo anterior.

....

9 Comece a aula com MEMES (imagem, vídeos, GIFs de humor, que se espalha via Internet), que podem ter relação com o conteúdo, com a vida na escola ou alguma notícia recente.

....

10 Utilize o Ted Talks sobre um tema que você deseja abordar, especialmente para assuntos relacionados à superação, motivação ou relações socioemocionais. O formato dessas palestras chama a atenção pela curta duração e as histórias pessoais envolvidas.

....

PAUSAS PRODUTIVAS E TÉCNICA POMODORO

5 MINUTOS DE DESCANSO

25 MINUTOS FOCO NOS ESTUDOS

5 MINUTOS DE DESCANSO

25 MINUTOS FOCO NOS ESTUDOS

25 MINUTOS FOCO NOS ESTUDOS

5 MINUTOS DE DESCANSO

25 MINUTOS FOCO NOS ESTUDOS

5 MINUTOS DE DESCANSO

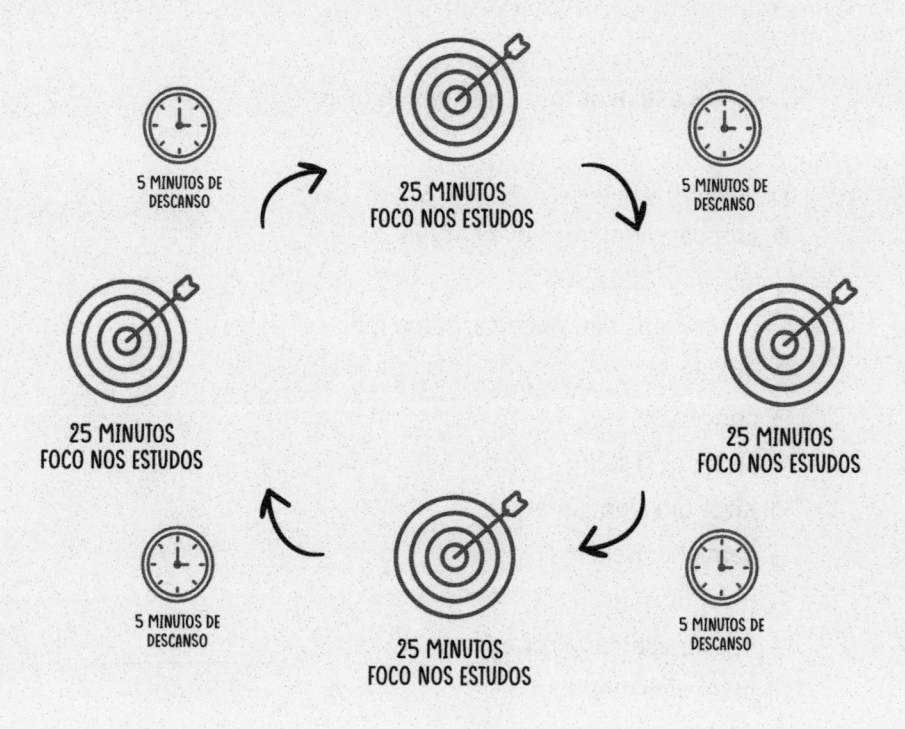

Você conhece a técnica Pomodoro?

Ela foi criada nos anos 80 pelo italiano Francesco Cirillo, que procurava uma maneira de aumentar sua produtividade nos estudos da universidade e usou o timer da cozinha. A técnica consiste no gerenciamento de tempo, com 25 minutos de foco e 5 minutos de descanso, que deve ter um intervalo maior a cada 4 ciclos.

Essa técnica funciona muito bem em sala de aula e pode ser adaptada de acordo com a idade e tempo de foco dos alunos. Mas é necessário colocar o timer para ajudar no foco, ok!?

De qualquer forma eu sempre sugiro pausas produtivas, seja para aumentar e diminuir o ritmo da aula, seja para fazer os alunos se movimentarem.

Nesses 5 a 10 minutos, o que posso fazer?

- ouvir uma música
- apresentar memes ou charges
- lançar um desafio
- propor uma leitura curta, como gibis
- desenhar
- conversar
- andar pela sala
- fazer um alongamento
- caminhar pela escola
- fazer um jogo
- propor exercícios criativos
- fazer uma meditação

GRAN FINALE

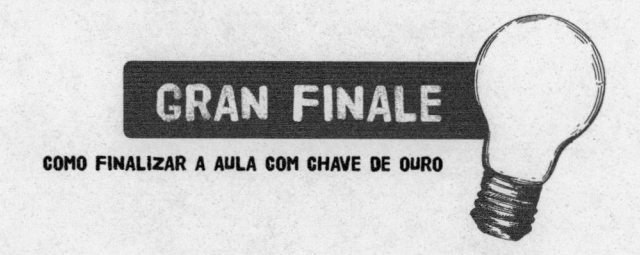

COMO FINALIZAR A AULA COM CHAVE DE OURO

Eu sei que costuma ser corrido e muitas vezes a aula termina sem a gente ter feito tudo que gostaria. Contudo, fazendo o Plano de aula você minimiza essas situações e consegue planejar um fechamento produtivo. Você pode usar esse momento para avaliar a aula, para fazer ganchos para a próxima aula ou realizar um fechamento de um assunto. Exemplos:

- VAMOS VER ESSE VÍDEO PARA FECHAR ESSE ASSUNTO? E QUE TAL UMA MÚSICA?

- O QUE VOCÊ APRENDEU NESSA AULA? É POSSÍVEL FAZER DE FORMA COLETIVA OU DE FORMA INDIVIDUAL, NO CADERNO OU EM FOLHA À PARTE.

- UMA PALAVRA QUE RESUME A AULA DE HOJE: PODE FAZER UMA NUVEM DE PALAVRAS NA LOUSA OU EM APLICATIVOS.

- SE ESSA AULA FOSSE UMA NOTÍCIA QUE TÍTULO ELA TERIA? PODEM FAZER EM DUPLAS E ENTREGAR OU CADA UM FALA E VOCÊ REGISTRA TODAS.

- SE ESTIVER FINALIZANDO UMA SEQUÊNCIA DIDÁTICA É INTERESSANTE DEIXAR MAIS TEMPO E FAZER UMA AVALIAÇÃO CONTENDO: O QUE APRENDI, O QUE MAIS GOSTEI NESSAS AULAS, O QUE MENOS GOSTEI E SUGESTÕES.

- NOVELA: VOCÊ PODE PARAR O CONTEÚDO NUMA PARTE INTERESSANTE E DEIXAR EM SUSPENSE PARA A PRÓXIMA AULA OU DAR UM SPOILER DE UM NOVO ASSUNTO, ELES VÃO FICAR CURIOSOS!

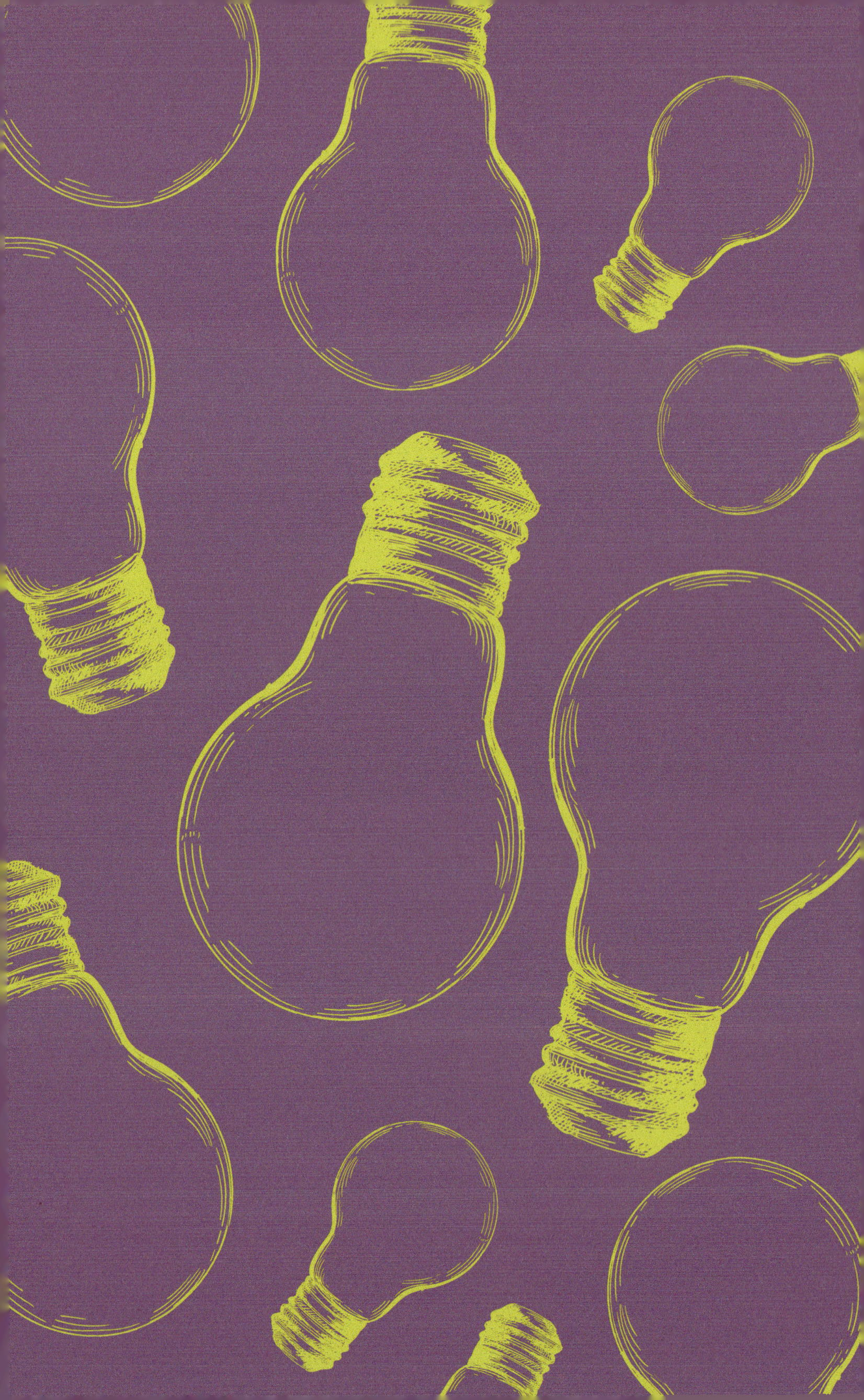

Capítulo 10

O USO DA CULTURA GEEK NA ESCOLA

O QUE É CULTURA GEEK

A cultura Geek, que também pode ser chamada de cultura pop, abrange os fãs de tecnologia, jogos eletrônicos e de tabuleiros, quadrinhos, filmes e séries, mangás e animes.

Ao se envolverem com elementos da cultura geek, como filmes, jogos, quadrinhos e séries de TV, os estudantes são expostos a narrativas ricas, personagens e mundos imaginativos, despertando sua imaginação e inspirando ideias criativas. Podemos incentivar os alunos a participar de atividades como a escrita de histórias, criação de fanarts ou fanfics, desenvolvimento de jogos ou até mesmo a produção de vídeos baseados em seus personagens preferidos!

Além disso, a cultura geek promove a experimentação, a resolução de problemas e o pensamento fora da caixa. Ao se engajarem em jogos de vídeo game, por exemplo, os alunos são desafiados a encontrar soluções criativas para superar obstáculos complexos.

Ao incorporarmos a **cultura geek** em nossa prática educativa, estamos proporcionando **um espaço seguro e estimulante** para que os alunos explorem e desenvolvam sua criatividade. Essa abordagem não apenas **aumenta o engajamento dos alunos,** mas os prepara para enfrentar desafios futuros com uma mentalidade aberta e criativa.

HARRY POTTER COMO INSTRUMENTO DE ENSINO

Se você já conhece meu trabalho sabe que estudo *Harry Potter* como instrumento de ensino há uma década. Desde que iniciei a carreira docente, em 2006, eu incluo a saga em minhas aulas como elo com os alunos. Em 2016 iniciei o Projeto Ordem da Fênix, um aprofundamento literário com alunos de escola pública do Fundamental II. No contraturno os alunos estudavam os livros e filmes, além de fazerem oficina de varinhas, duelo de feitiços, aula de poções e quadribol. Os objetivos eram o incentivo à leitura e produção textual e o protagonismo juvenil.

O projeto cresceu, ganhou repercussão na mídia, foi replicado em outras escolas e durante a Pandemia de 2020 ele foi para a internet. Tivemos leitura coletiva, grupos de estudos e, posteriormente, cursos para professores sobre como ensinar qualquer componente curricular, de todos os níveis de ensino, usando *Harry Potter*. Criamos uma grande comunidade de professores bruxos de norte à sul do Brasil, com projetos mágicos e trocas enriquecedoras.

Hoje sou considerada especialista no uso de *Harry Potter* na educação e tenho muitos materiais sobre o assunto, inclusive o livro *A arte de ensinar com Harry Potter*. Mas nem só de HP vive a cultura Geek, é possível usar outros temas da literatura, das séries, animes ou jogos na sala de aula, para atrair e envolver os alunos. Existem alguns temas que são mais universais e outros você vai descobrindo a popularidade entre os alunos. Eu já usei Jogos Vorazes, Percy Jackson, Crepúsculo, Wandinha, super-heróis da Marvel e DC etc.

LITERATURA, CINEMA, MANGÁ E VIDEOGAME

Você pode utilizar livros, filmes, jogos ou quadrinhos para criar aulas atrativas. Separei alguns exemplos para te inspirar:

PORTUGUÊS

A série *Stranger Things* pode ser usada nas aulas de Português para aprimorar habilidades de compreensão oral e escrita através da análise dos diálogos dos personagens. Além disso, os alunos podem realizar análises literárias dos elementos narrativos da série, praticar escrita criativa, explorar o contexto histórico e cultural da década de 1980 referenciada na série.

MATEMÁTICA

A obra *O Senhor dos Anéis* pode ser explorada de forma criativa nas aulas de Matemática, os alunos podem analisar a jornada dos personagens e mapear suas trajetórias em um plano cartesiano, utilizando conceitos de coordenadas e distâncias. Os alunos também podem calcular proporções e escalas para compreender a relação entre os diferentes reinos.

GEOGRAFIA

Utilize o *Minecraft* para criar um mundo virtual que represente paisagens e elementos geográficos, permitindo aos alunos explorar e aprender sobre diferentes regiões, relevos, climas e recursos naturais. Eles podem construir cidades, simular o impacto ambiental e até mesmo projetar soluções sustentáveis.

HISTÓRIA

Percy Jackson é uma ótima pedida para as aulas de História, permitindo que os alunos explorem a mitologia grega e sua influência na Grécia Antiga. Ao analisar os personagens, eventos e mitos da série, os alunos podem comparar as versões modernas com as histórias clássicas, além de pesquisar locais e monumentos históricos mencionados nos livros. Isso ajuda a aprofundar a compreensão da cultura e história antiga.

CIÊNCIAS

Pokémon pode ser usado nas aulas de ciências para explorar a biologia dos *Pokémons*, abordar conceitos como adaptação, classificação taxonômica, ecologia, anatomia, evolução, genética e hereditariedade. Os alunos podem se envolver ativamente na aprendizagem científica ao fazer conexões entre conceitos abstratos e o mundo real dos *Pokémon*.

ARTE

Super Mario pode ser uma fonte de inspiração nas aulas de Artes, permitindo que os alunos explorem elementos visuais como cenários, personagens e objetos para criar ilustrações, pinturas, esculturas ou animações. Ao incorporar esse universo lúdico do videogame, os alunos têm a oportunidade de desenvolver suas habilidades criativas, explorar técnicas artísticas e mergulhar em um mundo visualmente criativo.

EDUCAÇÃO FÍSICA

A série Naruto pode ser utilizada como uma fonte de inspiração nas aulas de Educação Física, pois retrata personagens em treinamentos e competições físicas. Os alunos podem explorar as técnicas de artes marciais presentes na série e realizar atividades práticas que promovam o desenvolvimento de habilidades físicas e motoras. Além disso, é possível abordar temas como perseverança, trabalho em equipe e superação de desafios.

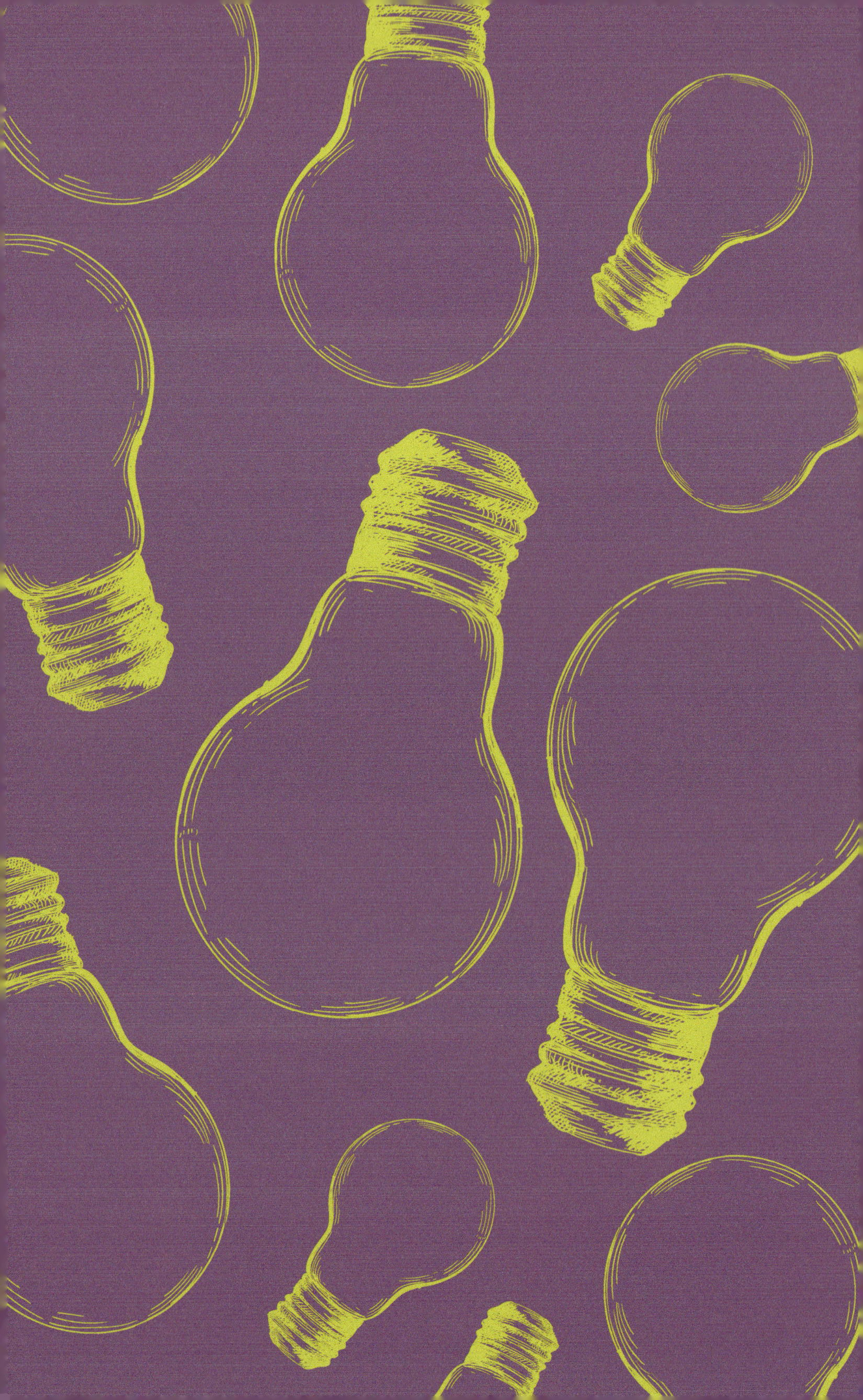

Capítulo 11

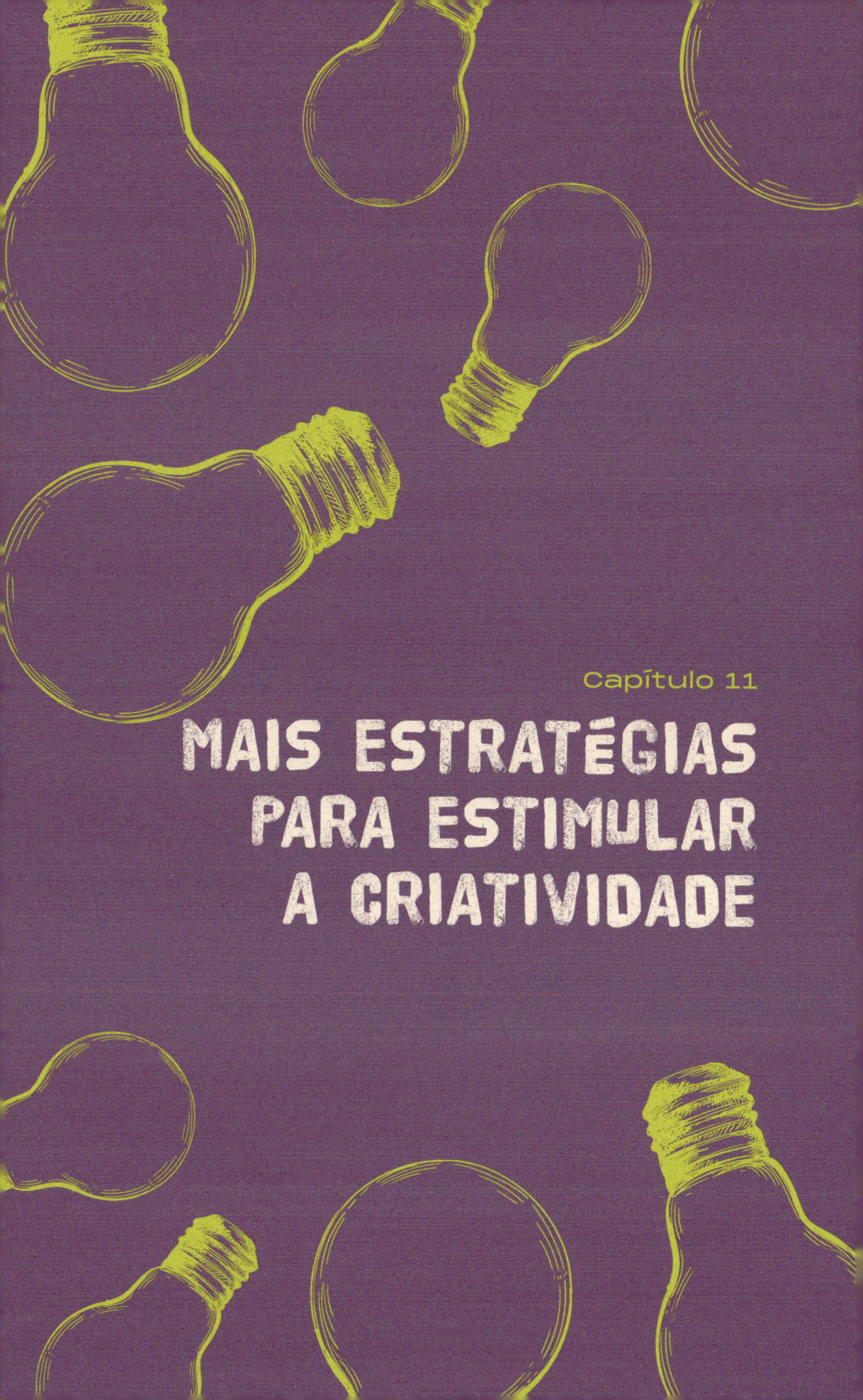

MAIS ESTRATÉGIAS PARA ESTIMULAR A CRIATIVIDADE

ULAS
RIATIVAS
ULAS
RIATIVAS
ULAS
RIATIVAS

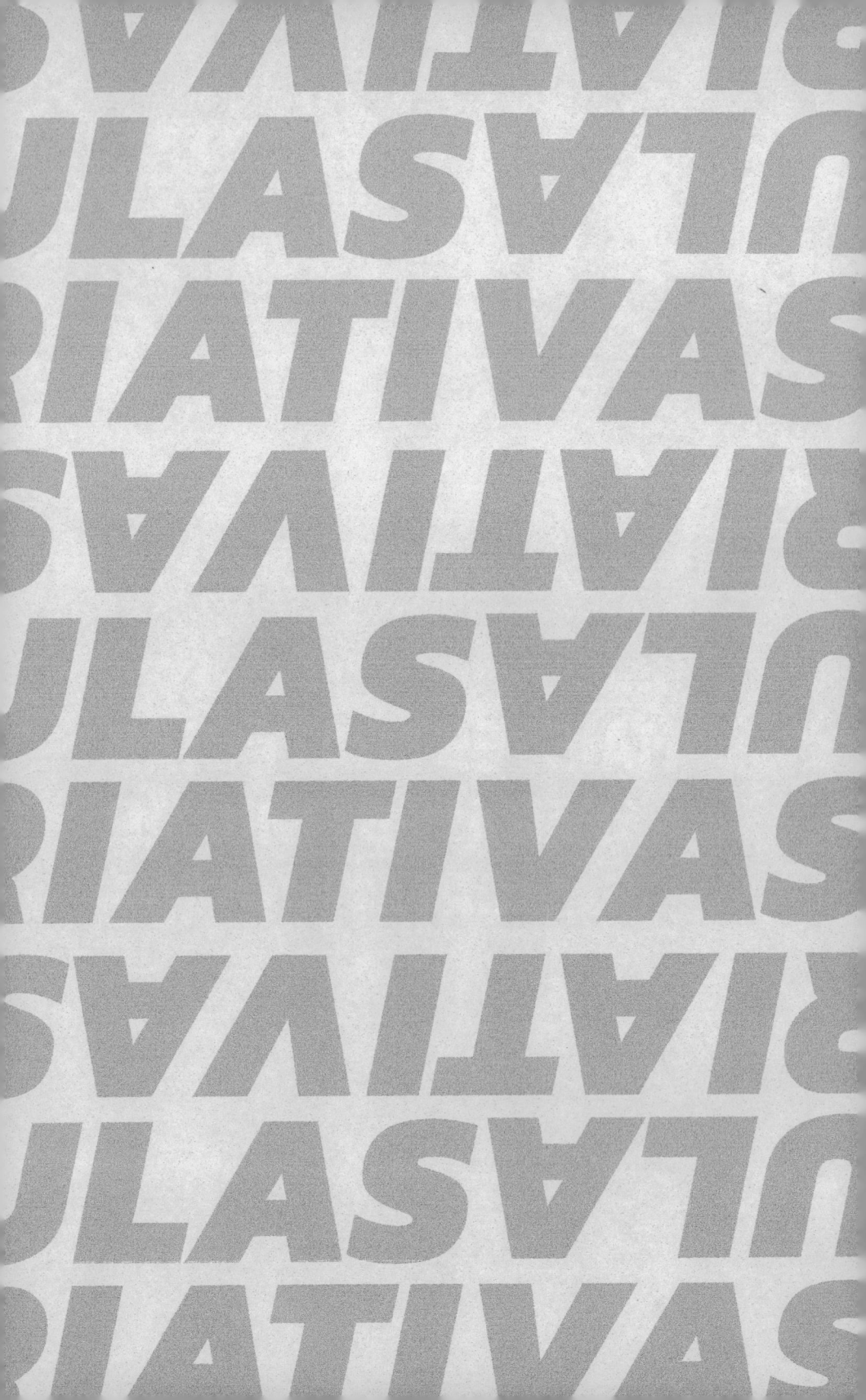

EXERCÍCIOS CRIATIVOS

Toda aula que utiliza as ferramentas e estratégias da Educação Criativa estimulará a imaginação, a experimentação, a colaboração, a autonomia e o protagonismo. Contudo, também existem alguns exercícios que trabalham diretamente com essas habilidades, que tiram os alunos da zona de conforto e que você pode utilizar no início das aulas, nas pausas produtivas ou em qualquer momento que achar interessante.

MÃO CONTRÁRIA

Faça um ditado de desenho, palavras ou frases que os alunos precisarão fazer com a mão contrária da dominante. Eles vão reclamar dizendo que não conseguem, ressalte que precisam fazer do jeito que conseguirem. As risadas são garantidas!

PALAVRAS ALEATÓRIAS

Dê uma lista de palavras que não combinam entre si e peça aos alunos para criarem uma frase ou uma pequena história. Ressalte que ela precisa fazer sentido, mas não precisa ser real, pode ser parte de um livro de literatura fantástica, por exemplo. Depois, quem quiser pode socializar e vocês podem eleger a frase mais criativa (aquela que fugiu mais do padrão). Exemplo de palavras: cimento, chiclete, namorar e brócolis. O número de palavras e o desafio deve variar de acordo com a idade dos alunos.

DESENHO COLABORATIVO

Separe a sala em grupos, ou mesmo em fileiras com 6 alunos. Entregue uma folha de sulfite para cada um e peça para iniciarem um desenho quando começar a música. Quando ela parar, o desenho precisa ser passado adiante e assim sucessivamente até chegar novamente no dono da folha. O desafio é continuar o desenho de forma que faça sentido, mesmo sem saber o objetivo de quem começou. Costuma ser bem divertido!

PROPAGANDA ABSURDA

Leve para sala uma caixa contendo objetos aleatórios: bota de borracha, pregador de roupa, chupeta, colher de pau etc. Cada dupla deve pegar um objeto e terá a missão de vender aquele objeto com uma função que não é a original. Exemplo: "Compre esse lindo vaso de flor em formato de bota de borracha!" Todos terão um tempo para pensar e escrever para apresentar. Se o tempo for curto pode fazer em grupos maiores ou uma dupla por aula. É um exercício incrível de imaginação!

PERGUNTAS INTRIGANTES

Que tal usar perguntas curiosas para estimular a criatividade dos alunos? Elas podem ser usadas no início da aula, na pausa ou no final, tendo relação ou não com o conteúdo que estão trabalhando. **Única regra: não vale a resposta "não sei".** Separei alguns exemplos:

O que aconteceria se...

- ... todas as palavras tivessem apenas duas letras?
- ... não existissem sinais de pontuação na escrita?
- ... o conceito de zero não existisse na matemática?
- ... uma figura histórica fosse esquecida pela humanidade?
- ... todos os oceanos se transformassem em terra firme?
- ...não houvesse fronteiras entre os países?
- ... todas as cores desaparecessem do mundo?
- ... as formas e linhas fossem proibidas na criação artística?
- ... a música deixasse de existir?
- ... todos os esportes fossem realizados no espaço?
- ... todas as pessoas no mundo falassem a mesma língua?

JORNAL MALUCO

Seguindo a mesma lógica de estimular a imaginação e a criatividade é possível criar notícias, ou mesmo um jornal inteiro, com temas diferentes e fora do padrão, como a vida no espaço, a Idade Média, ou Brasil Colônia etc. Pode ou não ter relação com o que estão estudando, o ideal é que haja espaço para pensar fora da caixa.

Em 2010 fiz um jornal com meus alunos de 5º ano sobre a vida em 2090 e ficou sensacional! Cada dupla ou trio escolheu uma reportagem e trabalhou nela. Eles colocaram a cura do câncer, a tecnologia holográfica, os robôs e a união de dois times de futebol: São Paulo e Corinthians. Pura criatividade!

MOVIMENTE A AULA E OS ALUNOS

Todos nós precisamos de movimento, mas parece que nosso sistema escolar acha que as aulas de Educação Física são suficientes. Não são! Nem vou falar sobre as crianças que passam o recreio trancadas em refeitórios para comer e depois não podem brincar!

O filho de uma amiga, de 8 anos, disse que não queria apontador com caixinha acrílica porque senão ele não poderia se levantar para apontar o lápis. Gente, ele contava com isso para esticar as pernas e dar uma volta até o lixo!

> Até hoje temos professores que acreditam que os alunos devem ficar **4 ou 5 horas sentados,** só se levantando para lanchar! Depois não sabem porque a fila para ir ao banheiro é infinita!

Planeje situações em que os alunos possam se levantar, caminhar pela sala, falar com os colegas ou se mexer de alguma forma. Assim podemos unir mobilidade, participação ativa e criatividade.

- Faça experimentos
- Crie debates
- Proponha jogos e gincanas
- Coloque-os para atuarem
- Incentive o trabalho em grupo
- Proponha apresentações orais
- Faça alongamentos nas pausas produtivas

ESPAÇOS CRIATIVOS

Uma mudança nas carteiras pode despertar a atenção e curiosidade dos alunos. Uma disposição em círculos ou grupos favorece a participação deles. Há anos uso as carteiras em duplas, mudando ocasionalmente para grupos ou estilo assembleia.

Sentar-se no chão é uma opção? Explore também! Use os espaços da escola sempre que puder. Eu já explorei quadra, gramado, laboratório, palco, auditório, pátio, corredor. Todo espaço da escola pode virar sua sala, se houver planejamento e intencionalidade. Nem preciso dizer que os alunos amam, né!?

> Pode dar trabalho no começo, mas depois os alunos vão entrando na rotina e **tudo funciona.**

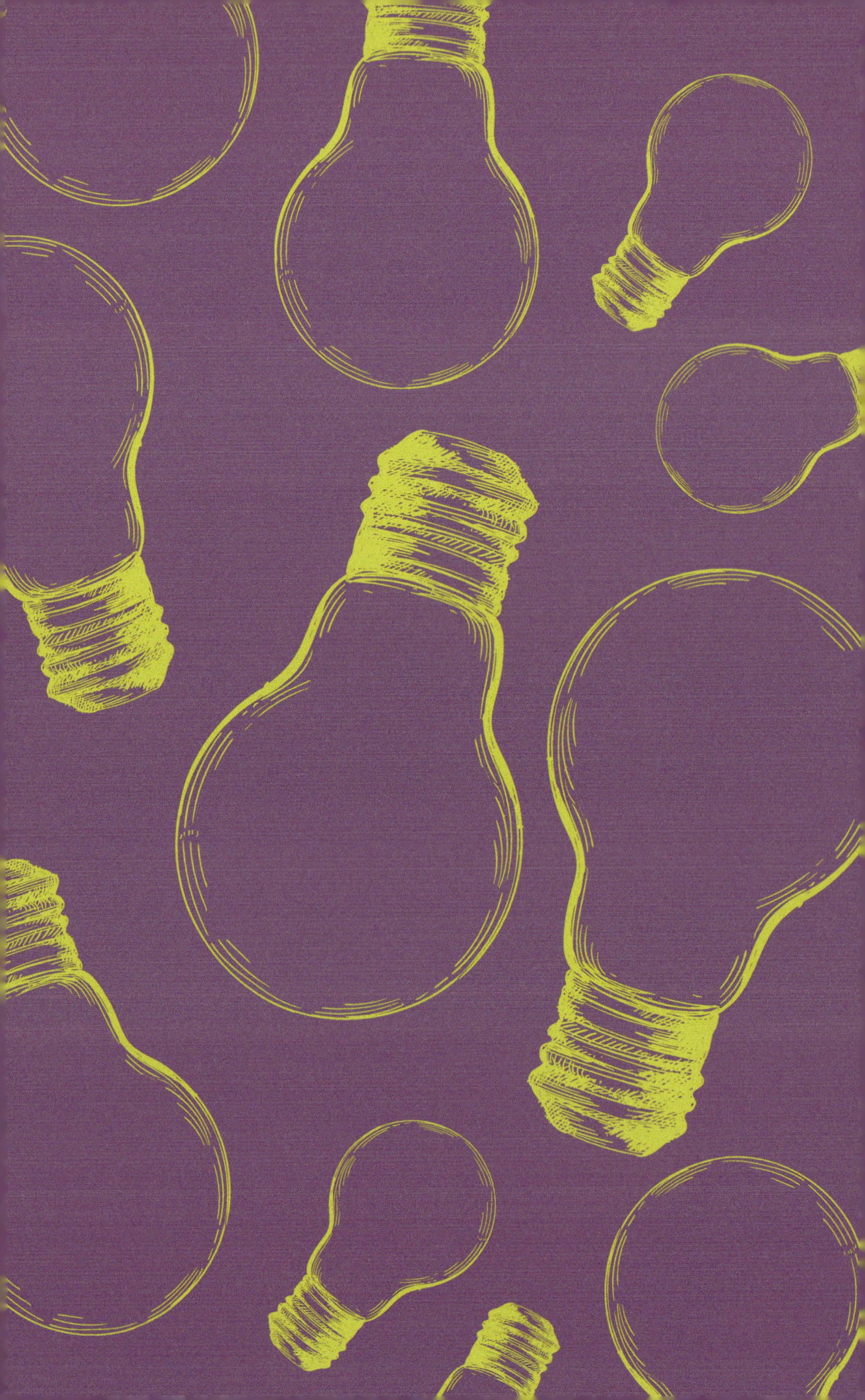

Capítulo 12

COMO LIDAR COM A INDISCIPLINA

O PAPEL DA MOTIVAÇÃO

> "Poderíamos afirmar que alunos motivados estão mais dispostos a aprenderem, na mesma proporção que professores motivados estão mais dispostos a ensinarem, a buscarem novas estratégias, a prepararem a aulas, a selecionarem atividades, elaborarem atividades, avaliarem individualmente. Uma turma com alunos comprometidos, dedicados, participativos estimula o professor. Um professor comprometido, dedicado, que olha os alunos, estimula o estudante. Quando o aluno percebe isso no professor, tende a não querer decepcioná-lo, há maior desejo de corresponder às expectativas. Ele sente-se mais motivado. Essa relação de qualidade produz um clima prazeroso de ensino e de aprendizagem." (BARBOSA, 2016)

A pesquisadora está corroborando o que dissemos desde o início do GUIA: o fator que quebra o Ciclo da Aula Eficaz e muda todo o jogo na sala de aula é a motivação. Quando o professor conhece os alunos, estabelece conexão com eles e utiliza a educação criativa para engajá-los nas aulas, os alunos tendem a se motivar. Da mesma forma, a participação e o progresso dos alunos motivam o professor!

Nesse cenário o clima da sala de aula é produtivo e os comportamentos inadequados são menos frequentes, entende?

CICLO DA AULA EFICAZ

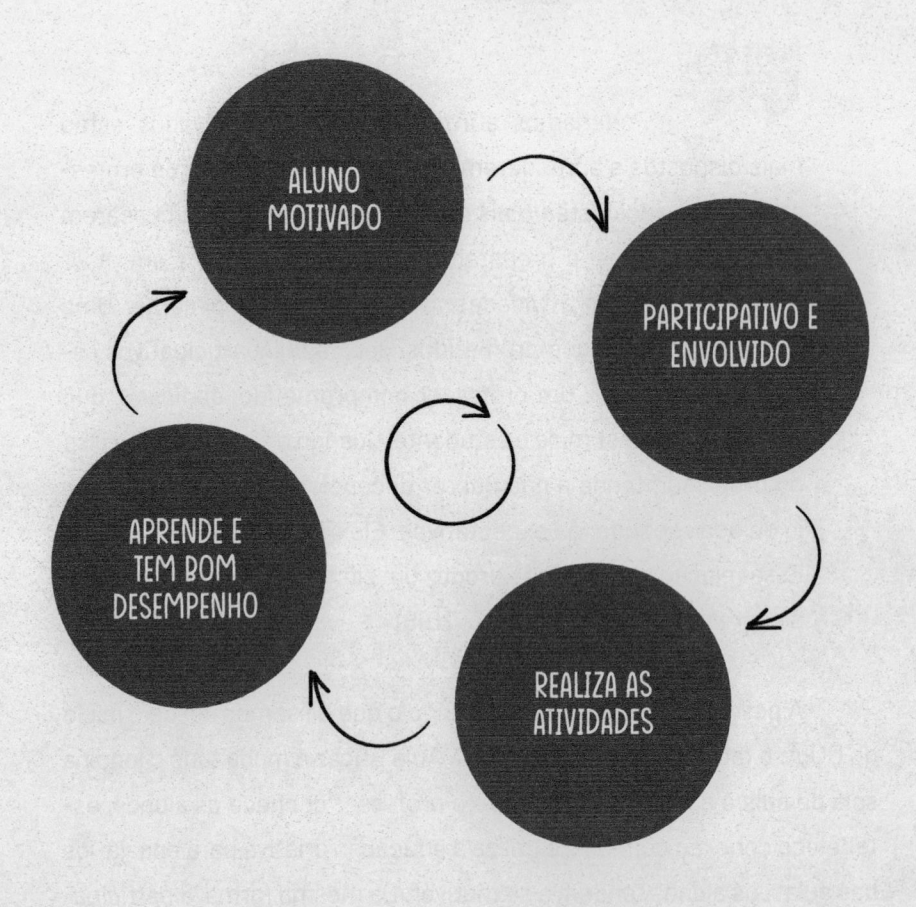

- ALUNO MOTIVADO
- PARTICIPATIVO E ENVOLVIDO
- REALIZA AS ATIVIDADES
- APRENDE E TEM BOM DESEMPENHO

O QUE FAZER NA PRÁTICA

É preciso lembrar que existe diferença entre turma participativa ou agitada e turma indisciplinada. Minhas turmas normalmente são consideradas agitadas porque possuem liberdade para perguntar, debater, andar pela sala, trabalhar em grupo. De forma geral, uma turma indisciplinada é aquela que não cumpre os comportamentos esperados/adequados para o bom andamento das aulas. Diante dessas situações precisamos avaliar se estamos seguindo as etapas para minimizar esses comportamentos.

- Conheça os alunos e estabeleça conexão com eles, utilizando as estratégias que já vimos por aqui. Esse é o primeiro passo para abrir uma boa comunicação entre vocês e ela será a base dessa relação.

- Caminhe pela sala ao longo da aula, mostrando que você está presente em todos os lugares, que está disponível para ajudar a todos e que também está de olho em tudo que acontece.

- Seja respeitoso com os alunos, preocupando-se com a forma que fala com eles, especialmente quando precisa ser mais firme. Se perceber que está perdendo a calma, respire fundo, peça ajuda ou saia da sala. Busque ao máximo evitar momentos de descontrole em frente aos alunos.

⊘ Deixe claro aos alunos os objetivos do ano/bimestre/aula e o que habilidades espera que eles desenvolvam nesse período. Faça isso também com as atividades do cotidiano, sempre reforçando as orientações e checando se os alunos entenderam o que você pediu para fazer.

⊘ Tenha uma rotina de aula que crie hábitos com os alunos. Gradualmente eles vão entrando no ritmo que você estabelece porque sabem o que você espera. Essa previsibilidade gera a sensação de organização para os alunos.

"O ensino explícito (GAUTHIER et al., 2014) é uma maneira direta de ensinar, explicando aos alunos os objetivos da aula, mostrando como a tarefa pode ser executada e guiando na sua execução. Isso facilita o desenvolvimento da aula." (BARBOSA, 2016)

✓ Estabeleça regras e combinados, retomando sempre que necessário.

Regras são inegociáveis e normalmente vêm da sociedade (agressão física não será tolerada) ou da escola, que pode variar de acordo com a instituição (uso de uniforme ou horários de atraso). **Combinados** podem ser negociados e criados junto aos alunos. Exemplo: vocês poderão usar fone enquanto fazem a atividade, se não o usarem enquanto eu explico. É interessante que esses contratos didáticos estejam claros para os alunos, inclusive os mecanismos de consequências como bilhete aos pais, advertência ou envio para a diretoria.

✓ Seja firme no cumprimento das regras e combinados. Mostre que falta de respeito não será tolerada, assim como os comportamentos x e y.

✓ Cuidado para não perder a autoridade com os alunos ao não cumprir o que estabeleceram ou banalizar as ocorrências aos pais. Enviar um aluno para a coordenação ou diretoria precisa ser em último caso!

LIBERDADE COM RESPONSABILIDADE É OURO

"Liberdade com responsabilidade" sempre foi meu lema com os alunos, desde os menores, até os maiores. Dessa forma eles podiam fazer mais e mais escolhas. Por exemplo:

> Momento de leitura de fruição (por prazer), na sala, no palco, na grama, no pátio. "Vocês podem se espalhar e ler como quiserem, sozinhos, em duplas, deitados, sentados, em pé... Só há duas regras: precisa ler e não pode atrapalhar ninguém".

Eu fiz esse momento de leitura com turmas de 1º ao 9º ano e no começo alguns dão trabalho porque não sabem usar a liberdade, mas aos poucos vão entrando no ritmo e usam com responsabilidade.

> "Hoje temos essa atividade para fazer em 40 minutos. Vamos lá pra fora, no gramado e vocês podem se espalhar, usar os bancos, deitar na grama, fazerem em duplas ou trios. Só há duas regras: precisa concluir dentro do tempo e não pode atrapalhar ninguém".

> Na aula de hoje precisamos fazer X e Y, vocês podem escolher qual farão primeiro, desde que concluam até "tal" hora.

É incrível como o simples fato de poderem fazer escolhas muda a disposição dos alunos. Eles se sentem mais ouvidos, mais respeitados e mais autônomos para realizar as atividades. Isso diminui **muito** os problemas de indisciplina.

COMO CONDUZIR CASOS EXTREMOS

Apesar das estratégias do guia diminuírem consideravelmente os casos de indisciplina, existem casos extremos. Aluno que é resistente às regras, que é violento, que é mimado, que possui transtornos comportamentais etc.

É importante entender esse aluno, que muitas vezes está atrasado com relação à turma e/ou está passando por problemas familiares. Devemos chamar a família, mas nem sempre teremos esse apoio. De qualquer forma é preciso se conectar com esse aluno e tentar trazê-lo para o lado mágico da força!

Faça registros das ocorrências que acontecerem com ele e converse com a coordenação, buscando um plano de ação em conjunto para ajudá-lo.

>> Lembre-se de que a falta de disciplina dele **não é uma afronta pessoal** a você, ok?

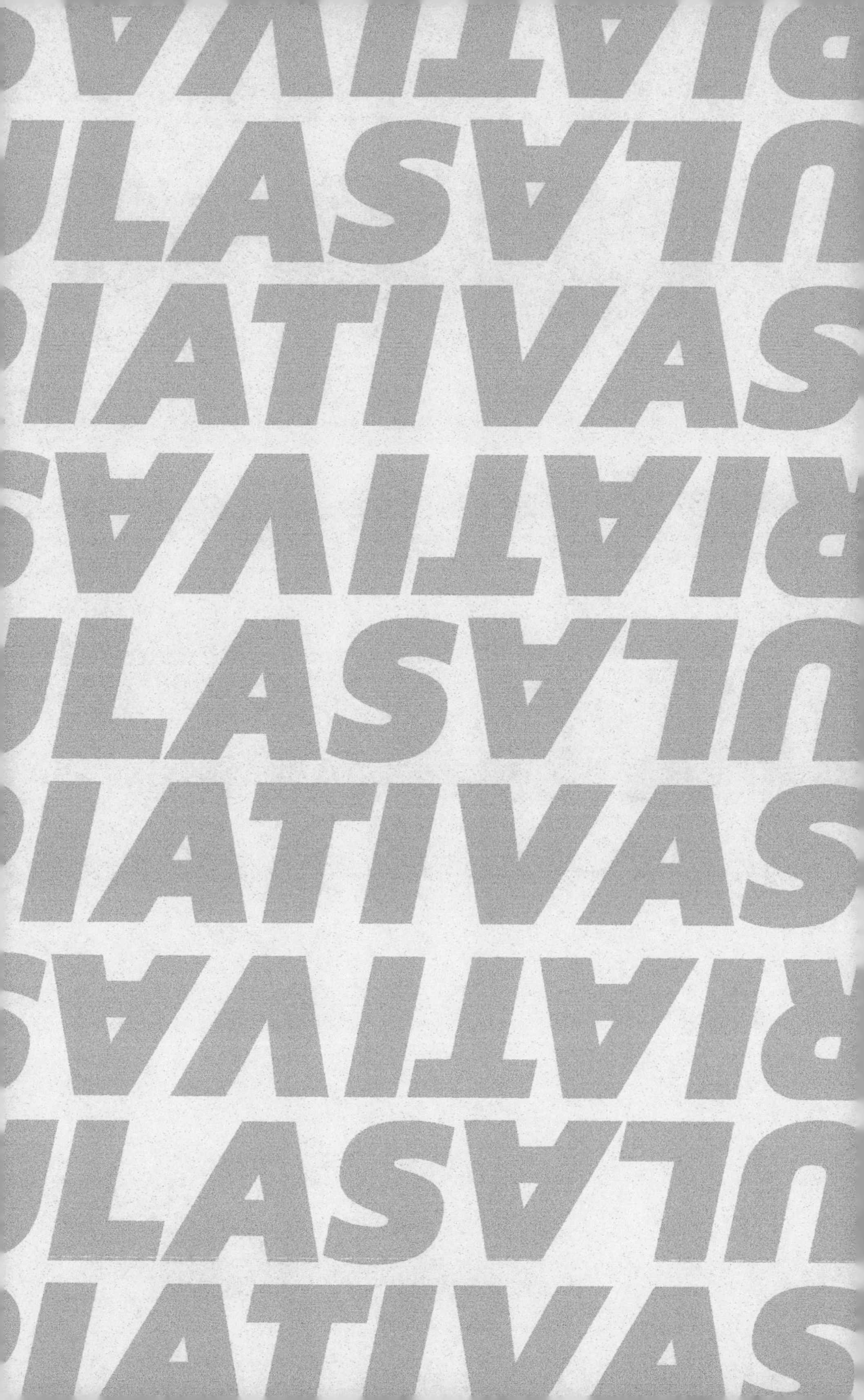

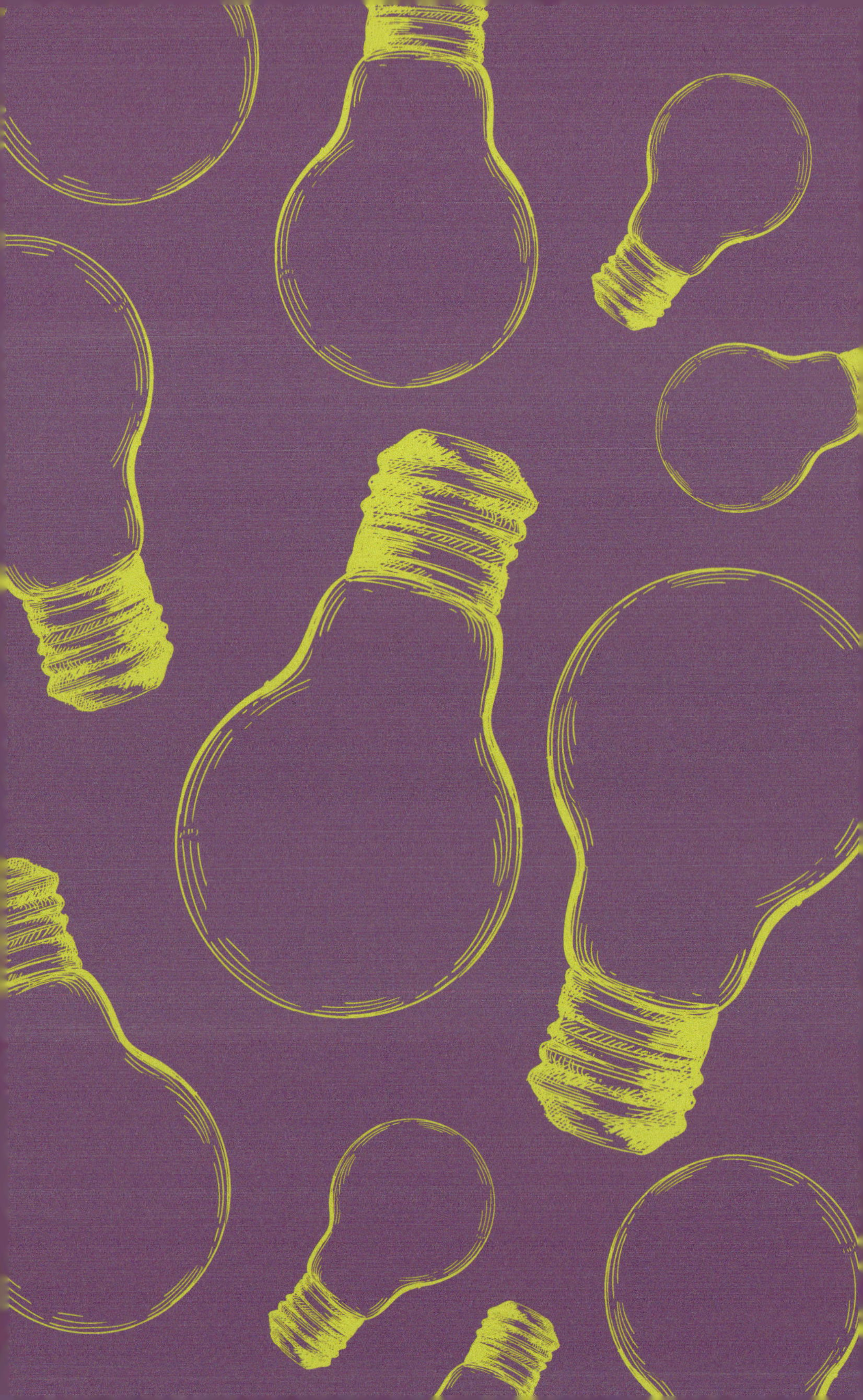

Capítulo 13

TENHA SEU BAÚ DE UTILIDADES

DE ONDE VEM A CRIATIVIDADE?

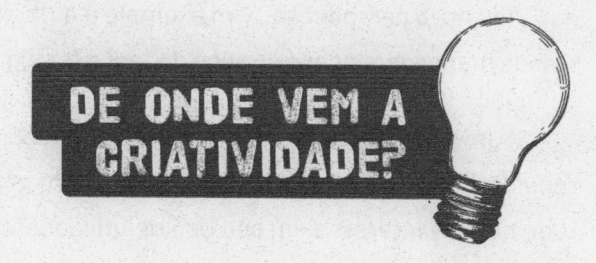

> "O que um bom artista entende é que nada vem do nada. Todo trabalho criativo é **construído** sobre o que veio antes. Nada é totalmente original."
>
> Austin Kleon

Essa frase é do livro *Roube como um artista* que eu sempre indico em minhas palestras. O autor fala da importância das inspirações, do repertório. Isso se encaixa em todas as áreas da nossa vida. Quanto mais vídeos de culinária eu assistir, mais referências terei para fazer minha receita. Quanto mais ideias interessantes eu coletar sobre o universo escolar, maiores são as chances de eu ter novas ideias para colocar em prática com meus alunos.

"Stefânia, ser criativo não é ser inovador? Criar algo diferente?". Sim. Mas a inovação é inspirada em experiências. Ela surge como uma união de ideias diferentes, uma nova resolução para o mesmo problema, uma nova perspectiva. Um exemplo é a Uber, que uniu um aplicativo de mensagem com o serviço de táxi e fez algo inovador.

Um professor criativo busca repertório. Garimpa boas ideias nas redes sociais, revistas, livros, conversas com colegas. Vai guardando tudo que lhe interessa em seu baú de utilidades e organiza por temas para usar quando precisar. E dessas inspirações nascem novas ideias que ele também pode compartilhar com o mundo e fazer crescer a criatividade pedagógica em comunidade.

Alguns exemplos são:

- Ideias de lembrancinhas e decoração
- Ideias de dinâmicas
- Vídeos para rever com calma
- Banco de atividades
- Imagens para inspirar
- Datas comemorativas

Coloque as ideias desse guia em prática e use-o como inspiração para criar. Vá me contando tudinho que vou adorar saber!

COPIATIVAS

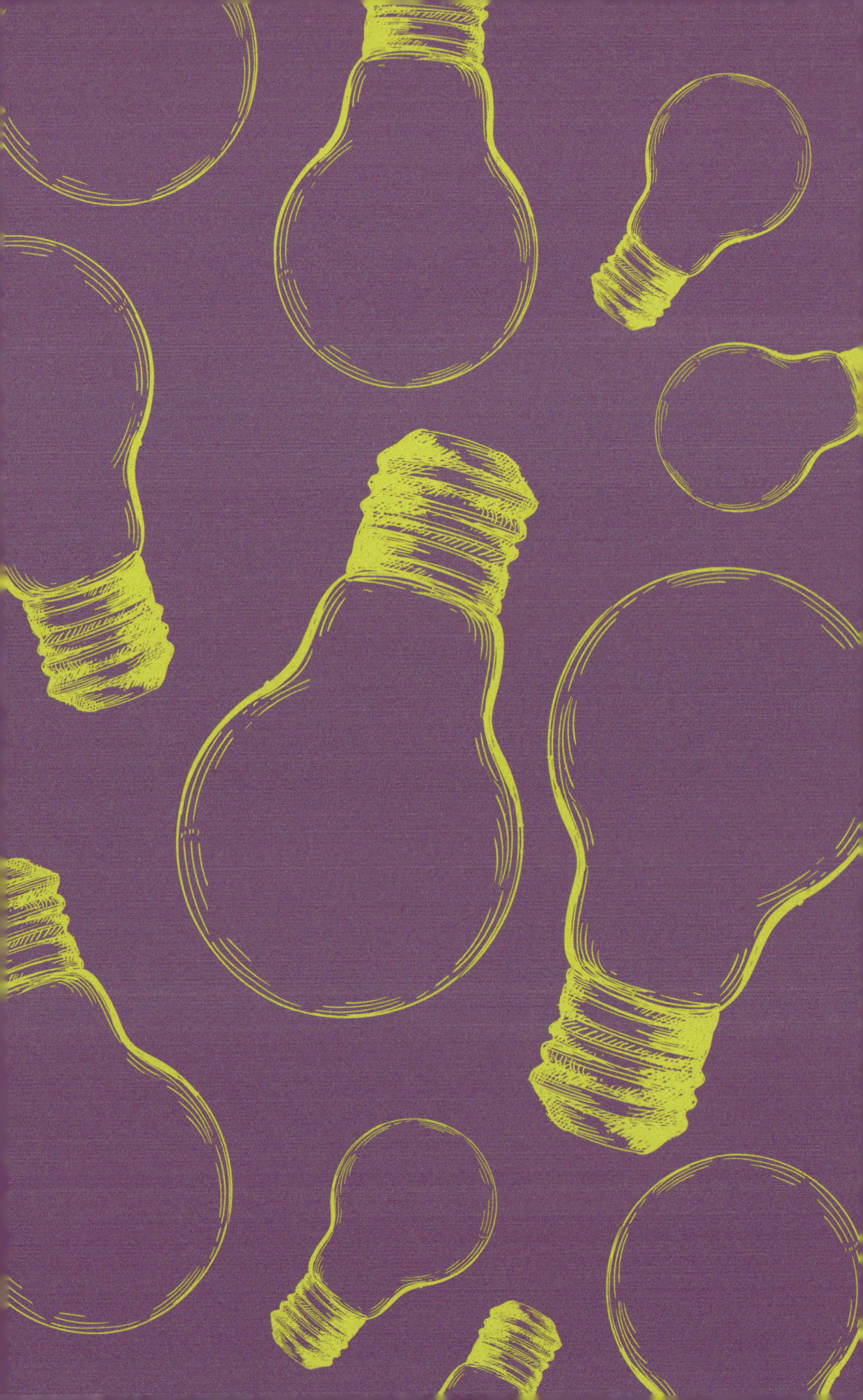

Capítulo 14

FERRAMENTAS PARA ENRIQUECER AS AULAS

CRIATIVAS
ULAS
RIATIVAS
ULAS
RIATIVAS
ULAS
RIATIVAS

EU NÃO FICO SEM ESTAS

As novas tecnologias têm trazido uma série de benefícios à educação, nos permitindo enriquecer nossas aulas, personalizar o aprendizado e promover maior interação com os alunos. Além disso, as tecnologias nos ajudam a aprimorar nossa prática pedagógica, acessar recursos educacionais atualizados, nos comunicar de forma eficiente e obter informações em tempo real sobre o progresso dos estudantes.

Com essas ferramentas, criamos um ambiente de aprendizagem envolvente e que estimula a criatividade. Separei algumas ferramentas digitais que tenho certeza de que você vai gostar!

Primeiro as que eu mais uso:

CANVA: AMO E NÃO VIVO SEM

Uma plataforma de design completa de criação de slides, posts, murais, atividades e tudo mais que você precisa para suas aulas. O Canva já é ótimo na versão gratuita, mas é perfeito na versão profissional, que podemos ter acesso sem custo por meio do "Canva for Education". Para obter sua conta nessa versão você precisa usar um e-mail institucional e/ou enviar documentos que provem sua condição docente.

PADLET: USO MUITO COM ALUNOS E PROFESSORES

Cria painéis virtuais colaborativos que podem ser usados para a construção de conteúdo, para registro de atividades ou para avaliação.

INSHOT E CAPCUT

Perfeitos para editar vídeos!

GOOGLE DRIVE

Para organizar documentos em pastas e acessar de qualquer lugar.

GOOGLE FORMULÁRIOS

Para criar pesquisas, avaliações e testes de forma eficiente.

GOOGLE DOCS

É um processador de texto gratuito incluído como parte do serviço Google Drive. Ele permite que você crie e edite seus próprios documentos, verifique os textos de seus alunos e adicione comentários para fornecer feedback.

MAIS ALGUMAS FERRAMENTAS QUE INDICO

GEOGEBRA

É um software e plataforma de matemática que disponibiliza gratuitamente recursos, atividades, jogos, exercícios e aulas sobre geometria, álgebra, planilhas, gráficos, estatísticas e cálculos.

KAHOOT

É uma plataforma de aprendizado baseada em jogos que permite criar divertidos jogos de aprendizagem. Você pode criar questionários sobre qualquer tópico e em qualquer idioma, e personalizar esses questionários com vídeos, diagramas e imagens. Os alunos participam em "kahoots" (jogos) registrando os códigos do jogo em seus dispositivos ou aplicativos.

QUIZZIZZ

É uma ferramenta de avaliação baseada na web que permite apresentar questionários sobre ciências, informática, educação técnica e arte para os alunos como um teste cronometrado ou dever de casa com um prazo específico.

QRANIO

Esse jogo possui perguntas de diversas áreas do conhecimento, promovendo uma verdadeira gamificação do aprendizado. O jogo consiste em testes com cinco alternativas em que somente uma está correta. Os assuntos abordados variam entre história, geografia, ciência, literatura, entre outros. O nível de dificuldade das perguntas vai aumentando conforme o jogador vai progredindo. O aplicativo está disponível para Android e iOS.

GOOGLE CLASSROOM

É uma ferramenta online gratuita para professores que permite criar uma sala de aula online, convidar seus alunos e atribuir tarefas de casa. Você também pode discutir tarefas com seus alunos online e acompanhar o progresso deles.

PIXTON

É uma plataforma de criação de desenhos animados que pode ajudá-lo a orientar seus alunos na criação de histórias em quadrinhos para representar sua compreensão de conceitos. Possui vários personagens, diferentes conjuntos de layouts de histórias em quadrinhos e opções de plano de fundo que seus alunos podem usar para criar quadrinhos e storyboards.

YOUTUBE EDU

É outro canal educacional do YouTube que oferece playlists extensas sobre vários assuntos, de física e química à fotografia e astronomia ou como falar em público.

TED TALKS

São vídeos de especialistas e inovadores da indústria sobre ciência, tecnologia, negócios e educação com legendas em mais de 100 idiomas. Você pode integrar o Ted Talks em suas aulas para despertar a criatividade e a inovação nas mentes de seus alunos.

GOOGLE BOOKS

É um serviço da Google Inc. que oferece acesso a livros e revistas ilimitadas que o Google digitalizou, converteu em texto e armazenou em seu banco de dados digital. Você pode salvar, favoritar ou baixar livros relacionados aos conceitos que deseja ensinar em sala de aula. Eu conheci há pouco e fiquei de queixo caído!

INTELIGÊNCIA ARTIFICIAL NA EDUCAÇÃO

A inteligência artificial (IA) é um campo da ciência da computação que se concentra no desenvolvimento de sistemas capazes de realizar tarefas que normalmente exigem inteligência humana. Na área da educação, a IA pode personalizar a aprendizagem, fornecer feedback instantâneo, criar ambientes interativos de ensino, gerar conteúdos adaptados e analisar dados educacionais para identificar tendências e insights.

É importante ressaltar que a IA não substitui os professores, mas é uma ferramenta que pode aprimorar a experiência educacional e ser uma boa aliada do nosso trabalho.

A maioria das ferramentas que citei anteriormente usam IA para personalizar seu uso, corrigir ou dar feedback. Existem outros que ajudam a criar imagens como o Midjourney, DALL-E 2 ou Leonardo, e os que produzem apresentações como o Gamma.

Mas existe um site famoso pela rapidez em suas respostas e a capacidade de desenvolver atividades diversas: o ChatGPT.

O CHATGPT PODE TE AJUDAR?

ChatGPT é um *chatbot* online de inteligência artificial desenvolvido pela OpenAI, lançado no final de 2022. Chatbot é um programa de computador que tenta simular um ser humano na conversação com as pessoas com o objetivo de responder às perguntas como se fosse uma pessoa e não um programa de computador.

Uso o programa com frequência para resumir textos, organizar ideias ou responder perguntas. Perguntei ao ChatGPT **como ele poderia ajudar o trabalho do professor** e sua resposta foi essa:

> Respostas a perguntas: O ChatGPT pode responder a perguntas específicas dos professores, fornecendo informações rápidas sobre conceitos, definições, fatos ou procedimentos em uma variedade de disciplinas. Isso pode economizar tempo na pesquisa e permitir acesso imediato a informações relevantes.
>
> Geração de ideias: Os professores podem recorrer ao ChatGPT para obter sugestões criativas de atividades,

projetos ou abordagens pedagógicas. O modelo pode gerar ideias inovadoras com base nas instruções e orientações fornecidas, oferecendo novas perspectivas e inspirações para enriquecer o planejamento de aulas.

Revisão e feedback: O ChatGPT pode auxiliar os professores na revisão de materiais educacionais, como planos de aula, exercícios ou trabalhos dos alunos. Os professores podem solicitar ao modelo que revise e forneça feedback sobre a clareza, coesão, gramática ou estrutura de um texto, ajudando a aprimorar a qualidade do material.

Suporte na resolução de problemas: Caso os professores se deparem com desafios ou dilemas pedagógicos, o ChatGPT pode ser consultado para oferecer insights, diferentes perspectivas ou sugestões de solução. Isso pode ajudar os professores a considerar diferentes abordagens e tomar decisões informadas.

Acesso a recursos educacionais: O ChatGPT pode recomendar materiais educacionais, livros, artigos, vídeos ou sites relevantes com base nas necessidades e interesses específicos dos professores. Isso pode enriquecer o conteúdo das aulas e fornecer recursos adicionais para aprimorar a experiência de aprendizagem dos alunos.

Tenho certeza de que esses recursos serão grandes aliados em sua prática pedagógica, mas lembre-se:

A ferramenta mais
importante para seus
alunos é você!

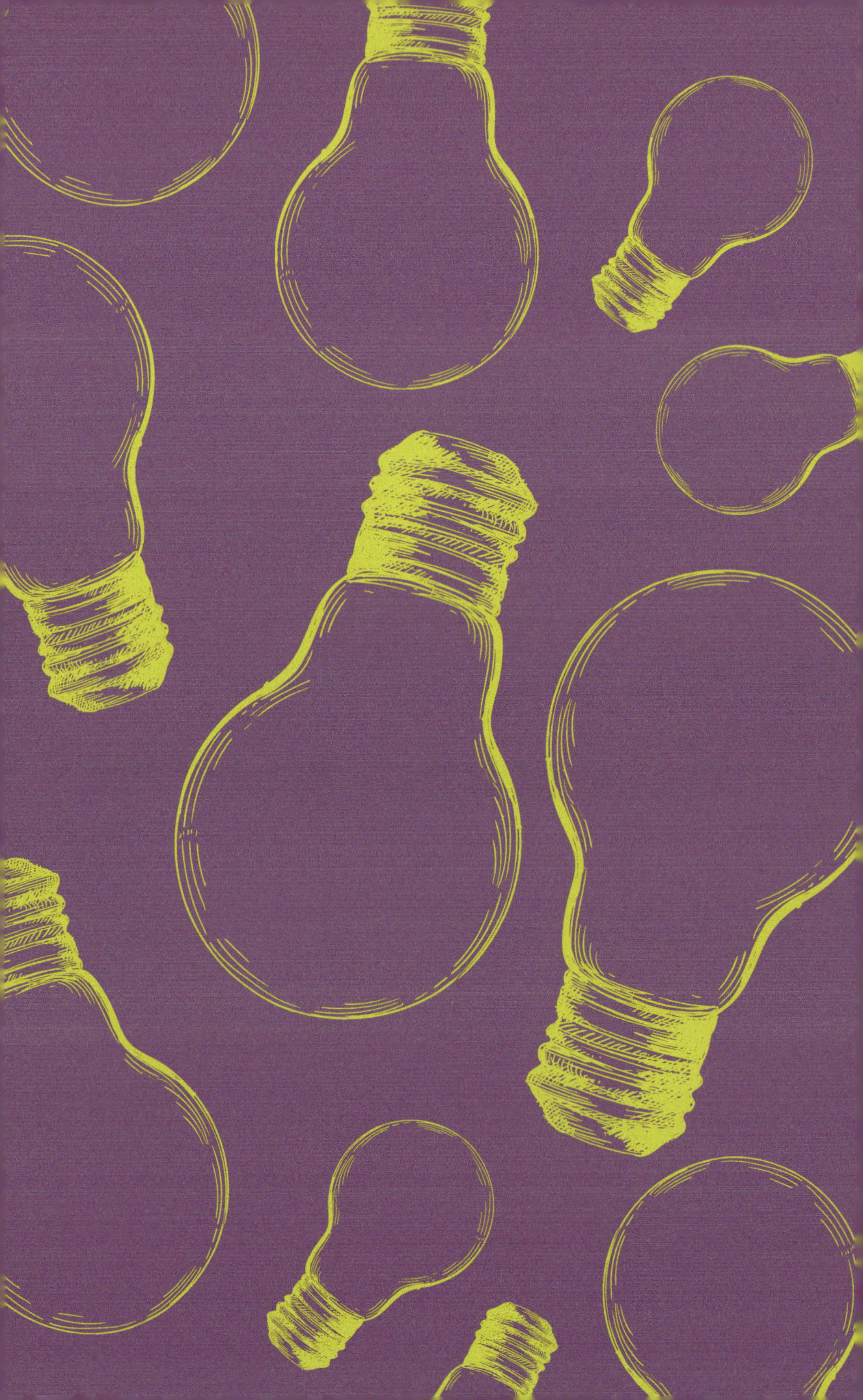

Capítulo 15

NADA SERÁ COMO ANTES

ULAS RIATIVAS

O FIM DE UMA FASE E O INÍCIO DE OUTRA

Chegamos ao final deste guia incrível para aulas criativas, mas no começo de uma nova etapa: a sua prática pedagógica depois dessa experiência. Se você colocou as estratégias em prática, se apropriou das ideias do guia e o utilizou como inspiração de novas ideias, sua docência nunca mais será a mesma!

Com certeza sua cabeça está fervilhando para criar aulas mais criativas. Minhas alunas dizem que eu não as deixo dormir. Fazer um caderno interativo, recursos pedagógicos de papel, Show do Milhão para revisão de conteúdo, culinária para aprender fermentação ou fotografia para estudar matemática. As possibilidades são infinitas! Mas lembre-se de que tudo precisa ter intencionalidade e o envolvimento dos alunos.

Não há problema em aula expositiva, desde que ela esteja aberta à trocas. Não há problema em ter somente o quadro e o giz, a prática criativa não requer grandes recursos, mas as estratégias de um professor que se preocupa em atingir os alunos. Lembre-se de que você é o recurso mais importante que seus alunos podem ter!

Mas não acaba por aí, professor! Queremos te convidar para contar pra gente como você está usando esse guia na prática. Vamos trocar ideias e compartilhar experiências nas redes sociais. Queremos saber como essas estratégias têm impactado sua sala de aula e como você está moldando o futuro dos seus alunos com aulas incríveis e inspiradoras.

> ! Lembre-se sempre de que a **educação é um processo contínuo,** então, continue buscando a excelência e compartilhando seu sucesso conosco!

CURSO BÔNUS

PARA ENRIQUECER AINDA MAIS ESTA OBRA, GRAVEI UMA SÉRIE DE VÍDEOS COMPLEMENTARES ESPECIALMENTE PARA VOCÊ. É SÓ ACESSAR O QRCODE ABAIXO:

E claro, quero saber sua opinião sobre o livro e as aulas!
Me escreva em **contato@professoresmagicos.com**
ou nas redes **@professoresmagicos** e **@mentorautor**

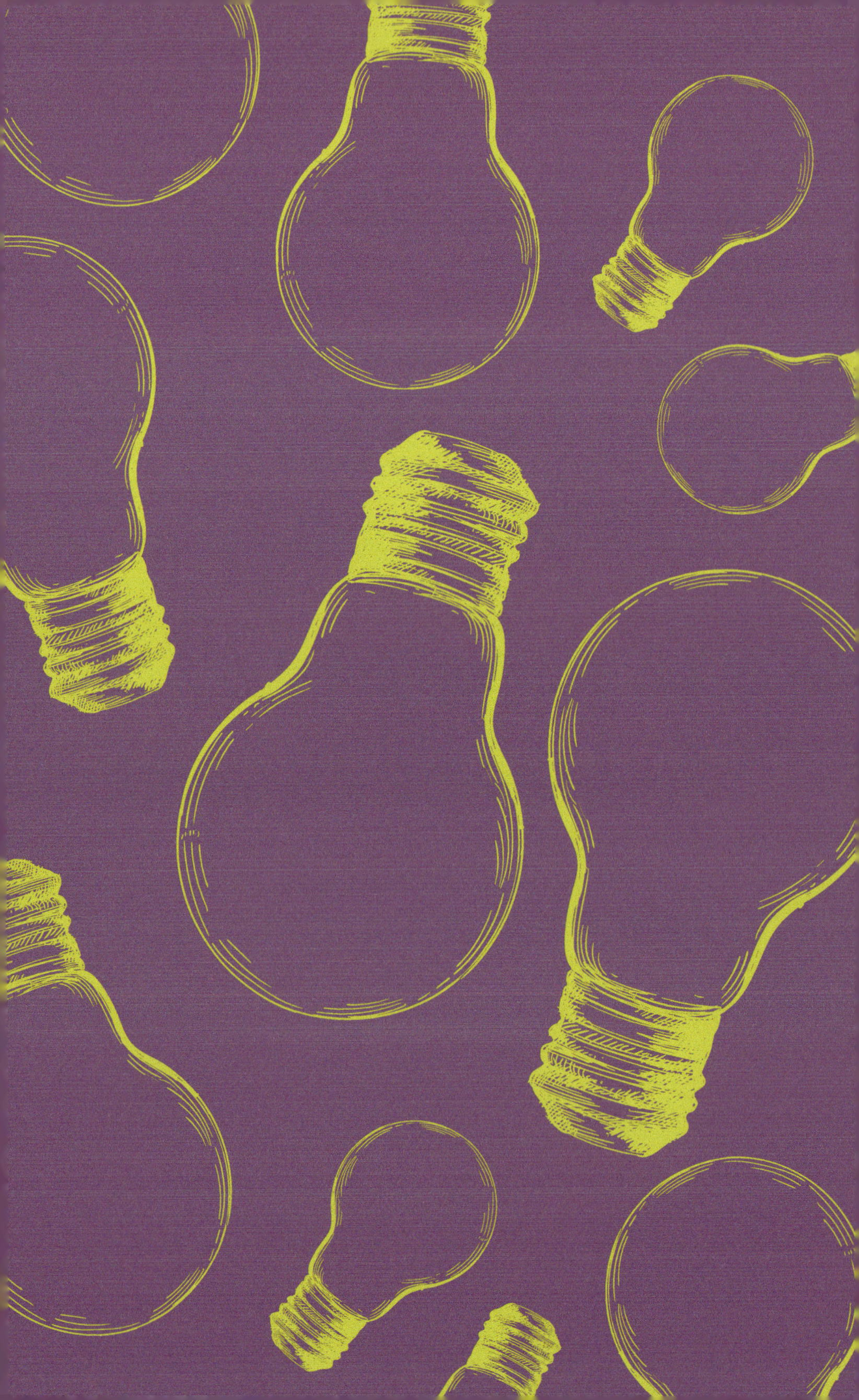

Capítulo 16

QUEM É STEFÂNIA ANDRADE

CRIATIVAS

É noite e estou revisando minha biografia pensando em quem vai lê-la nos próximos meses. Você conheceu muito de mim ao longo deste livro porque me despi para escrevê-lo e resgatei o meu melhor para te oferecer. Eu estou ansiosa para te conhecer e saber como foi a leitura do Guia pra você, não me deixe esperando: escreva pra mim!

Eu sou uma apaixonada. Pela educação, literatura, família, minha gatinha, meus alunos e mentorados... Tudo isso me move, me alegra e me faz vibrar! Me empolgo e me doo completamente a cada novo projeto e não foi diferente com o Guia. Espero de verdade que você possa colocá-lo em prática e me conte todos os detalhes!

Nasci em São José dos Campos (SP), sou casada com meu namorado da adolescência, adoro chocolate e sou viciada em livros, especialmente os de romances românticos (leio mais de 100 livros por ano). Sou professora, escritora, palestrante, formadora de professores e mentora literária. Auxilio profissionais de diferentes áreas a produzirem e publicarem seus livros e ganharem notoriedade. Pedagoga e Mestre em formação de Professores, passei por diversos níveis de ensino da rede pública e privada de ensino nos últimos 17 anos. Em meio a mais de 50 turmas, já tive alunos que viviam sob tiroteio e outros que possuíam heliponto em casa.

Atualmente tenho 15 livros publicados, (com mais no forno) com vários deles adotados por escolas pelo Brasil e alguns *best sellers*. Recebi diversos prêmios educacionais e tive vários dos meus projetos na mídia como *A Ordem da Fênix*, *A Cara do Brasil* e *Ganhando um Novo Amigo*. Hoje tenho me dedicado especialmente às palestras e consultorias nas áreas de formação docente e de produção de livros como forma de construir autoridade e influência. E agora aguardo sua mensagem para te conhecer também!

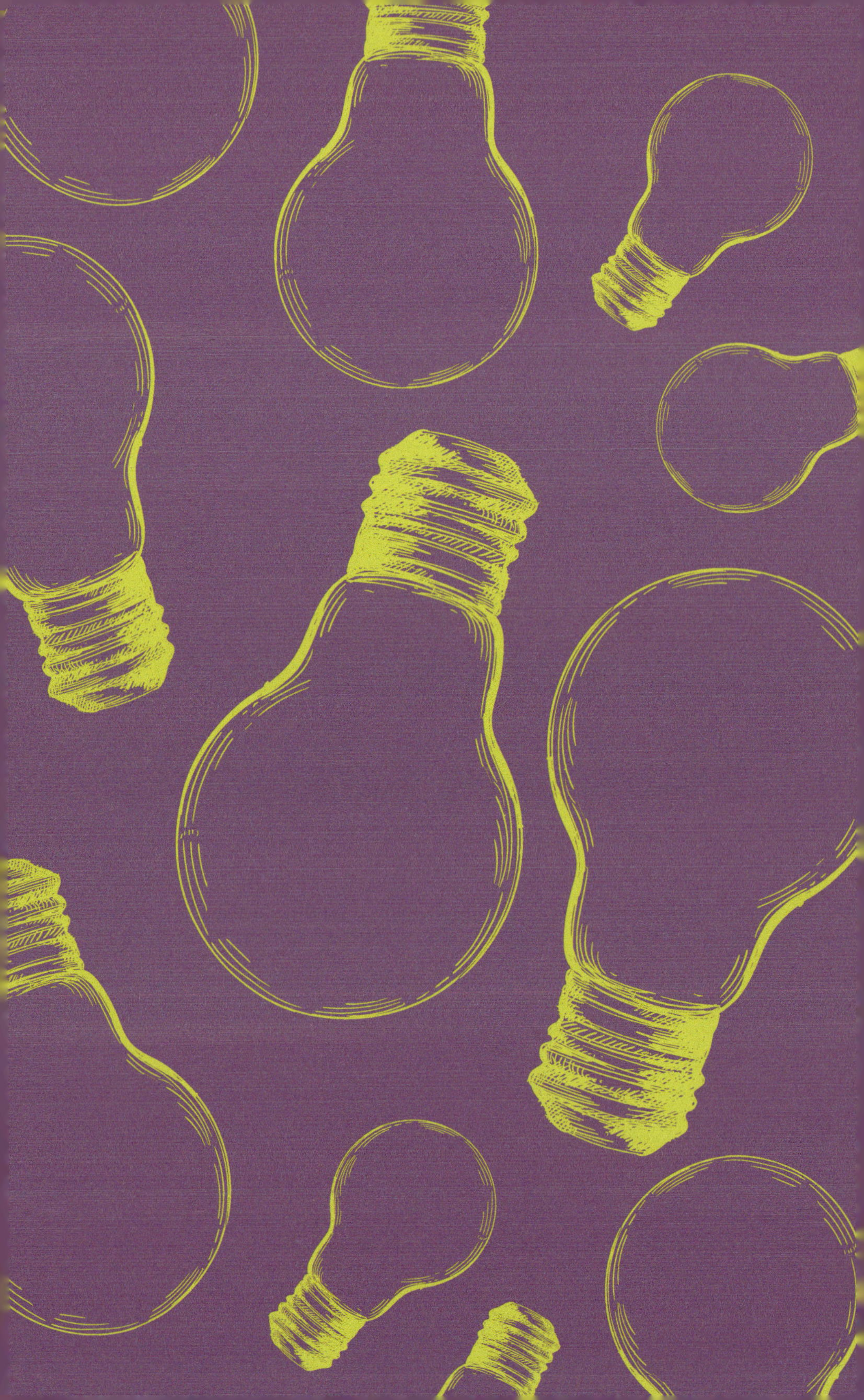

Capítulo 17

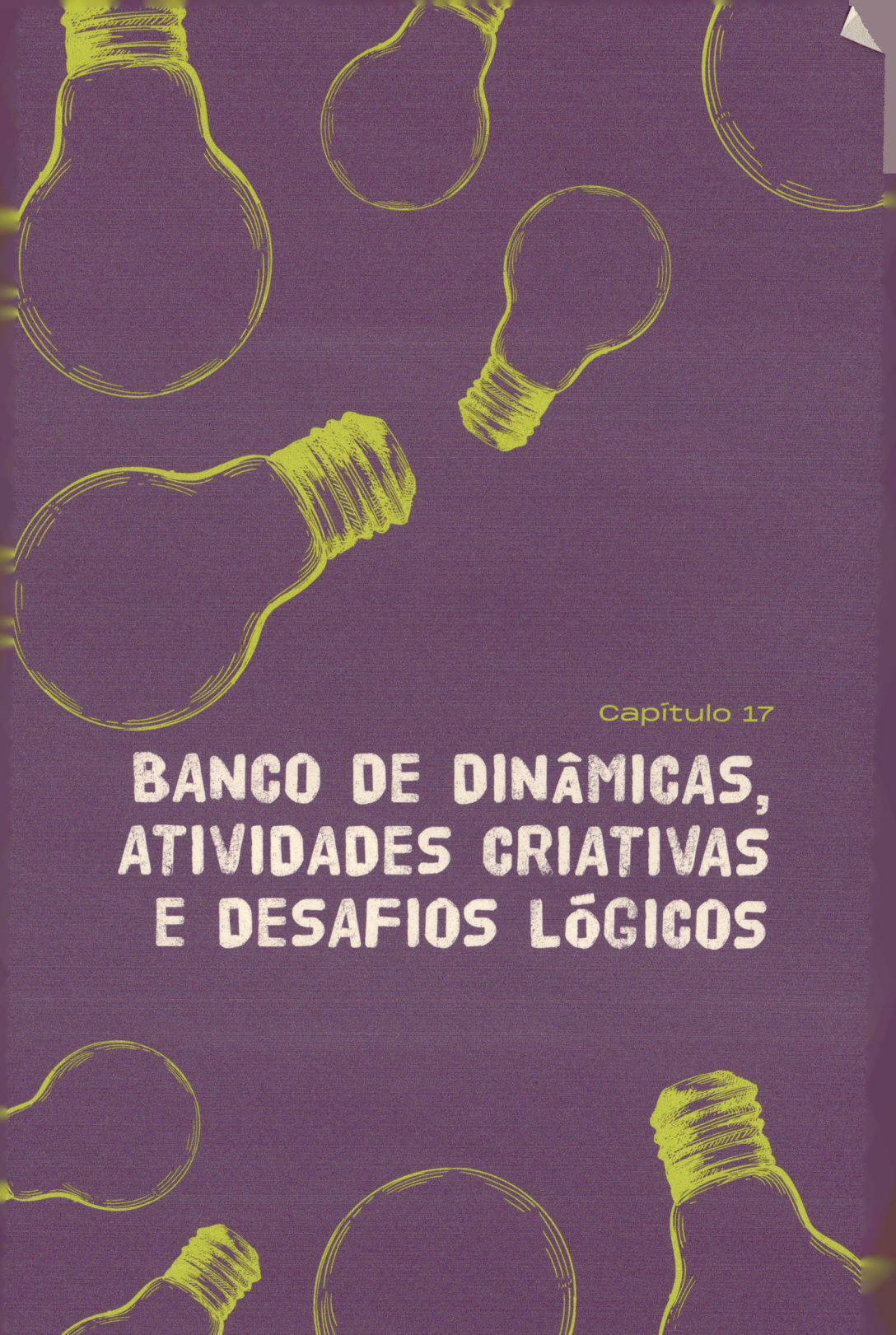

BANCO DE DINÂMICAS, ATIVIDADES CRIATIVAS E DESAFIOS LÓGICOS

DINÂMICAS DE QUEBRA-GELO PARA O INÍCIO DAS AULAS

PARA OS MENORES

Jogo das apresentações: Peça a cada criança para se apresentar usando uma palavra que comece com a mesma letra do seu nome. Por exemplo, "Eu sou alegre Ana" ou "Eu sou corajoso Carlos". Isso ajuda a criar um ambiente descontraído e promove a interação entre as crianças.

Bingo de características: Faça um bingo com características ou interesses diversos, como "tem um animal de estimação", "gosta de desenhar" ou "pratica algum esporte". Cada criança deve encontrar alguém na sala que se encaixe em cada característica e marcar no bingo.

Desenho colaborativo: Peça às crianças que se dividam em pares ou grupos e desenhem uma imagem colaborativamente, onde cada um adiciona uma parte sem saber o que o outro está desenhando. Ao final, cada grupo apresenta sua obra de arte coletiva.

Adivinhação de objetos: Coloque vários objetos em uma caixa misteriosa e, um de cada vez, as crianças devem colocar a mão dentro da caixa e adivinhar o que está tocando. Podem ser objetos diferentes, como uma bola, uma pena ou uma concha.

Charadas divertidas: Apresente charadas engraçadas e desafiadoras para as crianças. Por exemplo: "O que o pato disse para o outro pato? Resposta: Nada, pato não fala!". Isso cria um clima de descontração e incentiva a participação de todos.

Música e movimento: Escolha uma música animada e proponha uma atividade de dança ou movimento que as crianças possam fazer em conjunto. Isso ajuda a liberar energia, criar um clima de diversão e aproximar as crianças umas das outras.

Perguntas em um balão: Escreva várias perguntas em pedaços de papel, coloque dentro de balões e encha-os. Em um círculo, as crianças devem estourar os balões e responder à pergunta encontrada. Isso promove o compartilhamento de informações e histórias pessoais.

Adivinhação de animais: Descreva um animal sem mencionar o nome e as crianças devem adivinhar qual é. Por exemplo, "É um animal que voa à noite e faz "uhuuu"". Essa atividade incentiva o pensamento criativo e a interação entre as crianças.

PARA OS MAIORES

Quiz interativo: Crie um quiz interativo sobre um tema relacionado ao conteúdo da aula. Use uma plataforma online para os alunos responderem às perguntas e acompanhar suas pontuações. Isso estimula o engajamento e a competição saudável entre os adolescentes.

"Se eu fosse...": Peça aos adolescentes que completem a frase "Se eu fosse um...", mencionando algo relacionado ao assunto da aula. Por exemplo, "Se eu fosse um cientista, eu descobriria a cura para todas as doenças". Isso incentiva a criatividade e a reflexão sobre o tema.

Discussões em grupos: Divida os adolescentes em grupos pequenos e apresente uma pergunta provocativa relacionada ao conteúdo da aula. Eles devem discutir e apresentar suas conclusões ao restante da turma. Isso promove a colaboração e a troca de ideias.

Mapa de interesses: Peça aos adolescentes que desenhem um mapa representando seus interesses, hobbies, aspirações e áreas de conhecimento favoritas. Isso permite que eles compartilhem mais sobre si mesmos e descubram interesses em comum.

Desafios de resolução de problemas: Apresente um problema complexo relacionado ao conteúdo da aula e desafie os adolescentes a encontrarem soluções criativas. Incentive-os a trabalhar em grupo e a explorar diferentes abordagens para resolver o desafio.

Histórias em grupo: Peça aos adolescentes para, em grupos, criarem uma história coletiva em que cada pessoa acrescenta um trecho. Eles devem relacionar a história com o tema da aula. Isso estimula a criatividade e a colaboração entre os alunos.

Apresentação de talentos: Permita que os adolescentes compartilhem seus talentos ou habilidades especiais em um curto espaço de tempo. Pode ser uma apresentação de dança, música, poesia, malabarismo, entre outros. Isso promove a valorização das habilidades individuais e cria um ambiente inclusivo.

Quebra-gelo do "Eu nunca": Realize uma atividade do jogo "Eu nunca" adaptada para a sala de aula. Faça uma série de afirmações relacionadas ao conteúdo da aula e os adolescentes devem levantar a mão se já tiverem experimentado ou conhecido aquela situação. Isso cria uma atmosfera descontraída e incentiva a participação.

ATIVIDADES PARA INICIAR A AULA COM TURMAS AGITADAS

Momento de respiração calmante: Inicie a aula com uma breve prática de respiração profunda. Peça às crianças que se sentem confortavelmente, fechem os olhos e respirem profundamente pelo nariz, segurando a respiração por alguns segundos e expirando suavemente pela boca. Repita essa sequência algumas vezes para ajudar as crianças a se acalmarem.

Yoga ou alongamento suave: Faça uma sequência de yoga ou alongamento suave com as crianças. Inclua posturas simples que alonguem o corpo e promovam a sensação de relaxamento, como a postura da árvore, a postura do gato-vaca ou a postura do alongamento das pernas.

Jogo do silêncio: Proponha um jogo em que as crianças devem ficar em silêncio absoluto por alguns minutos. Explique que o objetivo é acalmar a mente e permitir que todos se concentrem em seus pensamentos e sensações internas. Ao final, podem compartilhar como se sentiram durante o momento de silêncio.

Desenho de mandala: Distribua papel e lápis de cor e peça às crianças para desenharem mandalas. As mandalas são padrões circulares que podem ser coloridos de forma tranquila e relaxante. Essa atividade ajuda a focar a atenção e a acalmar a mente.

Relaxamento guiado: Realize uma breve sessão de relaxamento guiado. Com uma voz calma, guie as crianças para que relaxem cada parte do corpo, começando pelos pés e subindo até a cabeça. Incentive-as a visualizarem um ambiente tranquilo, como uma praia ou um jardim, enquanto se concentram na sensação de relaxamento.

Caixinha de gratidão: Tenha uma caixinha de gratidão na sala de aula, onde as crianças podem escrever ou desenhar algo pelo qual estão gratas naquele momento. Reserve um momento para que cada criança compartilhe o seu cartão e explique o motivo de sua gratidão. Essa atividade ajuda a cultivar um ambiente de positividade e tranquilidade.

Música relaxante: Toque uma música suave e relaxante durante os primeiros minutos da aula. Peça às crianças para fecharem os olhos e se concentrarem na música, permitindo que ela as envolva em uma atmosfera serena e tranquila.

Visualização guiada: Realize uma breve visualização guiada, convidando as crianças a imaginarem um lugar calmo e pacífico. Descreva detalhadamente esse lugar, incentivando-as a usar todos os sentidos para tornar a visualização mais real. Isso ajuda a acalmar a mente e promover a sensação de relaxamento.

DINÂMICAS DE RELAXAMENTO PARA SEREM FEITAS EM ATÉ 5 MINUTOS

Respiração profunda: Guie os alunos em uma prática rápida de respiração profunda. Peça-lhes para inspirar profundamente pelo nariz contando até 4, segurar a respiração por 4 segundos e expirar lentamente pela boca contando até 6. Repita o processo por algumas vezes.

Alongamento: Faça uma sequência simples de alongamentos que envolva braços, pescoço, costas e pernas. Peça aos alunos para alongarem-se de maneira suave e focarem na sensação de relaxamento ao soltar a tensão muscular.

Meditação guiada: Realize uma breve meditação guiada, direcionando a atenção dos alunos para a respiração, relaxamento muscular e imagens mentais calmantes. Use uma linguagem suave e tranquila para conduzi-los a um estado de relaxamento.

Momento de silêncio: Reserve alguns minutos para um momento de silêncio completo na sala de aula. Peça aos alunos para fecharem os olhos, concentrarem-se em suas próprias respirações e desfrutarem de um breve momento de calma interior.

Massagem nas mãos: Peça aos alunos para massagearem suas próprias mãos. Incentive-os a aplicar pressão suave nos pontos de tensão, fazendo movimentos circulares e respirando profundamente. Essa atividade ajuda a relaxar e a aliviar o estresse.

Contagem regressiva mental: Peça aos alunos para fecharem os olhos e fazerem uma contagem regressiva mental de 10 a 1. A cada número, eles devem imaginar-se afundando em um estado de relaxamento cada vez mais profundo.

Focalização em objetos: Coloque um objeto pequeno e interessante no centro da sala e peça aos alunos para observarem-no atentamente. Eles devem prestar atenção em cada detalhe do objeto, focando sua mente e relaxando o corpo ao mesmo tempo.

Movimentos conscientes: Instrua os alunos a fazerem movimentos lentos e conscientes com partes específicas do corpo, como girar os ombros, rolar o pescoço ou esticar as pernas. Esses movimentos ajudam a liberar a tensão e a promover uma sensação de relaxamento.

Desenho livre: Distribua papel e lápis aos alunos e peça-lhes para fazerem um desenho livre. Encoraje-os a desenharem formas, padrões ou imagens que os acalmem e expressem sua criatividade. Essa atividade estimula a concentração e a tranquilidade.

Música relaxante: Toque uma música suave e relaxante durante alguns minutos. Peça aos alunos para fecharem os olhos, concentrarem-se na música e permitirem que ela os envolva em um estado de serenidade.

DESAFIOS LÓGICOS PARA MENORES

DESAFIO DAS CORES DAS CAMISAS

- Quatro amigos estão usando camisas de cores diferentes: vermelho, azul, verde e amarelo.
- João não está usando uma camisa vermelha.
- Pedro está usando uma camisa verde.
- O amigo com a camisa amarela está ao lado de Maria.
- **Qual cor de camisa cada amigo está usando?**

Resolução:

João está usando a camisa azul.
Pedro está usando a camisa verde.
Maria está usando a camisa amarela.
O amigo restante está usando a camisa vermelha.

DESAFIO DOS BRINQUEDOS

- Cinco amigos estão brincando com diferentes brinquedos: bola, boneca, carrinho, ursinho de pelúcia e quebra-cabeça.
- Pedro não está brincando com o quebra-cabeça.
- Maria está brincando com a boneca.
- João está brincando com o carrinho ao lado de Sofia.
- **Quem está brincando com a bola?**

Resolução:

O amigo que está brincando com a bola é João.

Pedro está brincando com o quebra-cabeça.

Maria está brincando com a boneca.

O amigo restante está brincando com o ursinho de pelúcia.

DESAFIO DOS PADRÕES GEOMÉTRICOS

- Identifique o próximo elemento lógico na sequência:

Quadrado, Círculo, Triângulo, Quadrado, _____.

Resolução:

O próximo elemento lógico na sequência é um Círculo.

DESAFIO DOS ANIMAIS DE ESTIMAÇÃO

- Quatro amigos possuem diferentes animais de estimação: cachorro, gato, coelho e pássaro.
- Maria não tem um gato como animal de estimação.
- O amigo com o pássaro é vizinho de João.
- O cachorro é vizinho de Pedro.
- **Quem tem o coelho como animal de estimação?**

Resolução:

O amigo que tem o coelho como animal de estimação é Maria.

O gato não pertence a Maria.

O pássaro não pertence a João.

O cachorro não pertence a Pedro.

DESAFIO DE COLORIR

✅ Escolha 4 cores para colorir o desenho abaixo, sabendo que nenhum quadrado pode estar colado em outro da mesma cor. (O tamanho do desenho pode aumentar de acordo com a faixa etária dos alunos).

DESAFIO DO ENIGMA MATEMÁTICO

✅ Eu tenho três números inteiros consecutivos.

✅ Se eu somar o primeiro número com o segundo e multiplicar o resultado pelo terceiro número, o resultado será 168.

✅ **Quais são os três números?**

Resolução:

Os três números inteiros consecutivos que atendem às condições são: 5, 6 e 7.

DESAFIO DOS ANIMAIS NA FAZENDA

✅ Em uma fazenda, há galinhas e coelhos.

✅ Há 8 cabeças e 22 pernas no total.

✅ **Quantas galinhas e coelhos há na fazenda?**

Resolução:

Existem 10 galinhas e 6 coelhos na fazenda. A soma das cabeças é 10, pois cada animal tem apenas uma cabeça. A soma das pernas é 22, e sabemos que as galinhas têm duas pernas e os coelhos têm quatro pernas.

DESAFIOS LÓGICOS PARA MAIORES

DESAFIO DOS SÍMBOLOS MATEMÁTICOS

✓ Complete a sequência lógica: 4 + 2 = 6, 6 - 2 = 4, 8 x 2 = ___.

Resolução:
A resposta correta é 16. A sequência segue uma operação matemática diferente a cada etapa: adição, subtração e multiplicação.

DESAFIO DOS QUEBRA-CABEÇAS LÓGICOS

✓ Você tem três caixas de cores diferentes: vermelha, azul e verde.

✓ Cada caixa contém bolas de uma única cor: vermelhas, azuis e verdes.

✓ Se todas as caixas estão rotuladas incorretamente, escolha apenas uma bola para corrigir os rótulos.

Resolução:
Selecione uma bola da caixa que está rotulada como "verde". Se a bola selecionada for azul, então a caixa rotulada como "verde" deve conter as bolas vermelhas, e a caixa rotulada como "vermelha" deve conter as bolas azuis. Assim, você pode corrigir os rótulos das caixas.

DESAFIO DA LÓGICA DAS CARTAS

✅ Você tem quatro cartas com uma letra de um lado e um número do outro lado: A, B, 3 e 7.

✅ Verifique se a seguinte afirmação é verdadeira ou falsa: "Se há uma vogal de um lado, então há um número primo do outro lado".

Resolução:

A afirmação é falsa. A carta "A" é uma vogal, mas do outro lado possui o número 7, que não é um número primo.

DESAFIO DAS PISTAS LÓGICAS

✅ Cinco amigos estão sentados em uma fila: Maria, João, Pedro, Ana e Luísa.

✅ Use as pistas a seguir para determinar a ordem correta em que eles estão sentados:

✅ Maria está à esquerda de Luísa.

✅ João está entre Pedro e Ana.

Resolução:

A ordem correta é: Maria, Pedro, João, Ana e Luísa.

DESAFIO DA SEQUÊNCIA LÓGICA

✅ Complete a sequência lógica: 4, 9, 16, 25, __, 49, 64.

✅ Qual número deve ocupar o espaço em branco?

Resolução:

O próximo número na sequência é 36.

(Explicação: A sequência é formada pelos quadrados dos números naturais: $2^2 = 4$, $3^2 = 9$, $4^2 = 16$, $5^2 = 25$, $6^2 = 36$, $7^2 = 49$, $8^2 = 64$.)

DESAFIO DO CÓDIGO SECRETO

- Um código é composto por números de três dígitos.
- Todas as dicas abaixo se referem a um único número:
- A soma dos dígitos é igual a 9.
- O número é maior que 450.
- O dígito das unidades é um número par.
- Qual é o número do código secreto?

Resolução:

O número do código secreto é 630.

(Explicação: A soma dos dígitos é igual a 9: 6 + 3 + 0 = 9. O número é maior que 450. O dígito das unidades é um número par: 0.)

DESAFIO DOS ENIGMAS LÓGICOS:

- Um homem olha para uma pintura em uma galeria e diz: "Irmãos e irmãs eu não tenho, mas o pai deste homem é filho do meu pai".
- **Quem é a pessoa na pintura?**

Resolução:

A pessoa na pintura é o próprio homem que está olhando.

IATIVAS

IATIVAS

IATIVAS

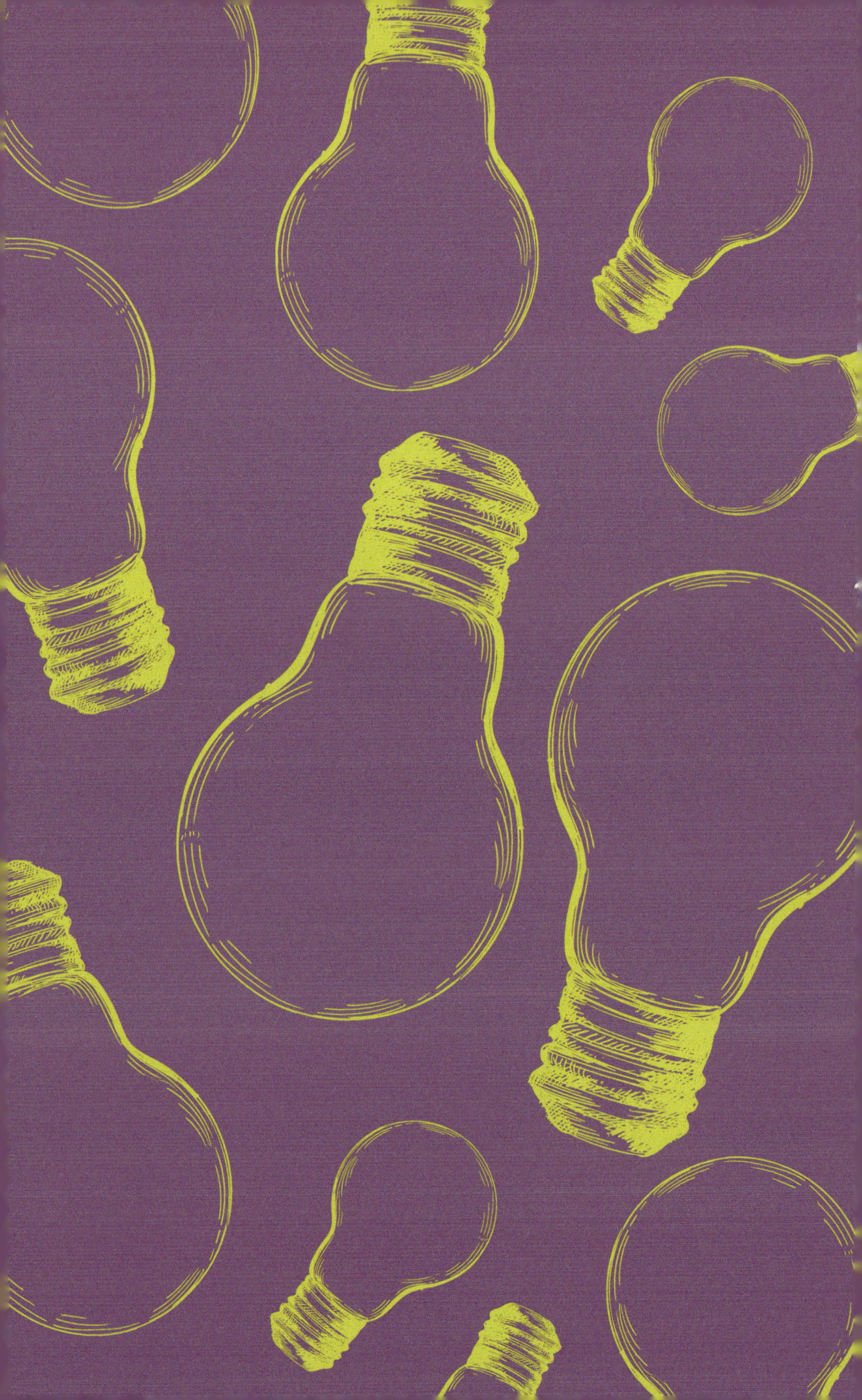

BIBLIOGRAFIA

ULAS
RIATIVAS
ULAS
RIATIVAS
ULAS
RIATIVAS

AMBROSETTI, Neusa Banhara. A prática competente na escola pública. Tese (Doutorado em Psicologia da Educação) - Pontifícia Universidade Católica de São Paulo, São Paulo, 1996.

BARBOSA, Stefânia M. Andrade. Boas práticas na escola pública: características de bons professores na visão de alunos dos anos finais do Ensino Fundamental. Unitau, Taubaté, 2016.

BÜHLER, Caren. Bons professores que fazem a diferença na vida do aluno: saberes e práticas que caracterizam sua liderança. Tese (Doutorado em Educação) - Programa de Pós-Graduação em Educação, PUCRS, Porto Alegre, 2010.

CUNHA, Maria Isabel da. O bom professor e sua prática. Campinas, SP: Papirus,1997. Coleção Magistério: Formação e Trabalho Pedagógico.

GAUTHIER, C. et al. Ensino Explícito e Desempenho dos alunos: a gestão dos aprendizados. Petrópolis, RJ: Vozes, 2014.

KLEON, Austin. Roube como um artista. Editora Rocco, 2013.

RESNICK, Michel. Jardim da Infância para a vida toda. Editora Penso, São Paulo, 2020.